天帝教第二人間使命

— 上帝加持中國統一之努力

陳 福 成 著

文 學 叢 刊
文史哲出版社印行

國家圖書館出版品預行編目資料

天帝教第二人間使命：上帝加持中國統一之努力 / 陳福成著.-- 初版 -- 臺北市：文史哲,民 108.03
頁； 公分（文學叢刊；400）
ISBN 978-986-314-454-0（平裝）

1.天帝教

271.9　　108002892

文 學 叢 刊 400

天帝教第二人間使命

— 上帝加持中國統一之努力

著　者：陳　福　成
出版者：文　史　哲　出　版　社
http://www.lapen.com.tw
e-mail：lapen@ms74.hinet.net
登記證字號：行政院新聞局版臺業字五三三七號
發行人：彭　正　雄
發行所：文　史　哲　出　版　社
印刷者：文　史　哲　出　版　社
臺北市羅斯福路一段七十二巷四號
郵政劃撥帳號：一六一八〇一七五
電話 886-2-23511028 · 傳真 886-2-23965656

定價新臺幣四六〇元

民國一〇八年（2019）三月初版

ISBN 978-986-314-454-0　09400

自序：關於天帝教第二人間使命─上帝加持中國統一之努力

壹、爲什麼要再出版第二本「天帝教研究」專書？

一個佛教徒有什麼理由連續出版兩本研究天帝教的著作？這些年來，讀天帝教文獻雜誌等，多過讀佛教作品，連我的一些佛教同道都難以理解，還有關心問「是不是要投奔天帝教了？」我皆答「我永遠是佛教徒！」

筆者之所以研究天帝教（其實談不上是正式的學術研究，不過寫些讀《教訊》的讀書心得）。當然是來自一些因緣、興趣、好奇，加上筆者對中國統一，有和天帝教同奮一樣的認知和使命感，可以說是「志同」，而「道」也算合。所以，我對天帝教這本《教訊》的內容，始終很感興趣。

五年前，出版的第一本《天帝教的中華文化意涵─掬一瓢《教訊》品天香》。

（註一）主要從「中華文化」這個核心價值，賞讀我最初所接觸到的數十本《教訊》，深感每一期《教訊》都如同一本以前學生時代讀過的《中華文化基本教材》。

五年前，仍是馬政府時代，兩岸關係和緩，很有「兩岸一家親」的感覺，甚至「和平統一」很有希望。但「台獨偽政權」上台，兩岸關係快速惡化，這對天帝教的第二人間使命是嚴重打擊，乃至是嚴重危機，此時此刻，最容易產生「信仰危機」。

於是，筆者深覺有必要直接針對天帝教的第二人間使命「兩岸和平統一」，再寫些自己的感想，也是《教訊》的讀書心得。至於本書能否對天帝教同奮有利有益，或有精神鼓舞作用，或有任何正負評價，已是作者身外之事。但人難免有所期待，當然是希望有所助益！

圖 1 / 105 年天人實學研討會中，天人研究學院發表 2 篇論文；其中，該院教務長胡緒勵發表論文的情形　圖 2-4 / 18 日上午，由高光際樞機率領參與同奮們公謁黃庭

《教訓》393，394 期，73 頁

圖 10 /　翊教陸光中樞機頒贈本師墨寶「道化天人」給黃培鈺教授(右)
圖 11 /　翊教陸光中樞機頒贈本師墨寶「道化天人」給吳慕亮先生(右)
圖 12 /　吳慕亮先生回贈墨寶于天人文化院副院長劉正函(左)

《教訓》393，394 期，79 頁

貳、關於《天帝教第二人間使命──上帝加持中國統一之努力》

上一本《天帝教的中華文化意涵》，從文化角度切入每一章的主題。「文化」是軟性的、溫柔的、潛移默化的，不會給人很「刺眼」的感覺。因此，談文化比較不會引起「立即的反應」，對人的影響就像「冷水煮青蛙」。例如台獨搞「去中國化」，就是從文化下手，多數人是「無感」的，直到被「煮熟」變質了，仍然無感，這是很深的陰謀，才造成很可怕的結果，今天很多人不知道（或否認）自己就是中國人，都是這樣被「煮過」的結果。

而本書，專談天帝教第二人間使命，也就是兩岸的和平統一，不論未來如何統一？至少在當前的台灣環境下，台獨意識高漲，「統一」成為高敏感度的政治問題，各陣營任何人，提都不敢提，碰也不敢碰，誰說了要「統一」，必被罵得臭頭，打成「賣台」。這還不是最大的危機！

在不斷深化「去中國化」後，這些年來，「去蔣化」、「去孫中山化」、「去鄭成功化」、「去媽祖化」，不擇手段要把中華文化清洗掉。台中市長林佳龍揚言要拆掉台中孔廟，恢復日本神社，民進黨下一步是不是要「打倒孔家店」了？而在打倒孔家店前，將先對天帝教「下手」！

「法難、教難」在歷史上，在現代國際社會，依然經常發生。放眼現在台灣社會，所有的公開媒體（電視、報紙、雜誌），所有各類團體（政黨、工商、宗

中國社會科學院近代史所左玉河教授（面對鏡頭左2）提出〈孫中山民生主義本質的再認識〉論文，極忠文教基金會副董事長李顯光先生（面對鏡頭右1）提出批判，增添多元對話的省思。

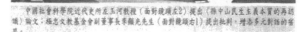

教），敢在「光天化日」下，公開高論「統一」，就只有天帝教了。台獨份子能消這口氣乎？他們曾動員獨派民眾，包圍過佛光山，包圍過中台山，他們會放過天帝教嗎？天帝教的第二人間使命將如何走下去？寫本書興趣之外，為天帝教同奮加油打氣也是原因。

參、極初大帝連續兩期《教訊》警示第二使命可能陷於「動亂流血」

當本書快要寫完之際，台灣地區的「九合一大選」也一日日逼進，統獨兩陣營開始激情火拼，平面和網路媒體日夜對所有人「轟炸」，獨派控制了所有電視頻道。但很多消息是「封」不住的，筆者未見有宣揚兩岸統一的陣營，卻有很多台獨外圍（如民視、三立、自由時報、長老教會、喜樂島等），加上美國的瘋人總統煽風點火，台海地區已成了「世界火藥庫」。最近兩期《教訊》

都刊出極初大帝的憂心，警示第二人間使命可能面「動亂流血」，筆者也憂心忡忡：（註二）

> 肅殺之氣直逼台灣，暴戾之氣籠罩台海上空，兩岸未能沉著、冷靜、思考、應對，「保台方案」面臨重大危機與威脅。「祈願選舉撥亂反正特別迴向文」之「消弭暴戾凶鋒化解兩岸衝突……貫徹保台方案」，是無形直指人心之訴求，台灣內部之亂象從潛伏到爆發，為期不遠，不能失控，否則是「動亂流血」。
>
> 本席在此呼籲：同奮們只有團結、結合更多、更大之救劫誦誥力量，同消危難。要避難先化劫，要化劫就以正氣力量箝制魔氛，破劫掃除陰霾，廓除肅殺與暴戾之氣，回歸中華文化之老根在台灣。現況已是危乎其危，已有先發制人之勢，保台、救台、護台，在同奮一念間，全面性宣導、宣講即刻啟動……

在本書〈總結〉和〈自序〉，筆者一再檢視、誦讀極初大帝傳來這篇迴向文，該文中的「魔」字，所指正是台獨勢力高漲，這是很清楚的，勿須迴避。極初大帝期許同奮們以「正氣力量箝制魔氛」，回歸中華文化，這是　上帝的旨意，　上帝一定可以箝制妖魔。

肆、天帝教第二人間使命——中國統一的短期悲觀與長期樂觀

我是從「大歷史觀」看中國史的人，才會說中國統一「短期悲觀、長期樂觀」，這是受到史學家黃仁宇的影響。（註三）但所謂「大歷史」的長期，要有多長才算「長期」，黃仁宇按湯恩比分析世界各國文明，以六百年到八百年構成一個單元，敍述時注重當中非人身因素（Impersonal Factors）所產生的作用。（註四）因為人類的智能，不能掌握一切整體現象之起因，這是否意味著能掌握大歷史整體因果始末的並非人類（而是　上帝）。中國歷史的長期發展方向，並非短期間某些政客所能決定，而是古今無數中國人的民族精神、中華文化、春秋大義、天地正義等，所能決定中國大歷史長期發展的方向，最後都

是趨向黃冑一統，也就是大一統。所以，我對天帝教的第二人間使命，眼前看內外情勢（內台獨高漲、外美日干擾），這短期間是悲觀的，有如歷史上的分裂時代（三國、南北朝），但最後終要統一。

天帝教同奮的憂心是看到這眼前的動亂，且兩岸距離統一越來越遠，這怎能不叫天帝教同奮憂心忡忡，甚至質疑「誦誥不力嗎？」還是「上帝遺棄了我們？」都不是，而是「這是一場長達百年的長期奮戰」。必須堅持下去，突破一切危機，天帝教第二人間使命必能實現。

（台北公館蟾蜍山　萬盛草堂主人　陳福成　誌於二〇一八年十月底）

註釋

註一　陳福成，《天帝教的中華文化意涵—掬一瓢《教訊》品天香》（台北：文史哲出版社，二〇一三年八月）。

註二　見《教訊》第四一四期（二〇一八年九月），封底內頁；《教訊》第四一五期（二〇一八年十月），頁五—十一。

註三　黃仁宇（**1918—2000**）。英文名 **Ray Huang**），湖南省長沙人，天津南開大學肄業（1936—1938），成都中央陸軍官校畢業（1940），美國密西根大學歷史學博士（1964）。重要著作有《萬曆十五年》、《中國大歷史》、《黃河青山：黃仁宇回憶錄》、《大歷史不會萎縮》等數十部。

註四 黃仁宇，《大歷史不會萎縮》（台北：聯經出版事業股份有限公司，二〇〇四年九月），頁二九。

天帝教第二人間使命
——上帝加持中國統一之努力

目　次

THE T'IENTI TEACHINGS
http://tienti.info
天帝教
教訊
374
May
2015
五月號
104年 6/6 （週六）
天安太和道場
坤元輔教的
叮嚀語

ISSN 2308-0379
ISSN 2308-1600
天帝教
教訊
370
JANUARY
2015
一月號
THE T'IENTI TEACHINGS
http://tienti.info
教宗 方濟各 惠存
天帝教第三任首席使者童光照敬贈
道

THE T'IENTI TEACHINGS
天帝教
教訊
378
September
2015
九月號
（請詳第24頁）

THE T'IENTI TEACHINGS
天帝教
教訊
375
June
2015
六月號
行宮三十

天帝教
教訊
381
December
2015
十二月號
THE T'IENTI TEACHINGS http://tienti.info
天帝教時代使命

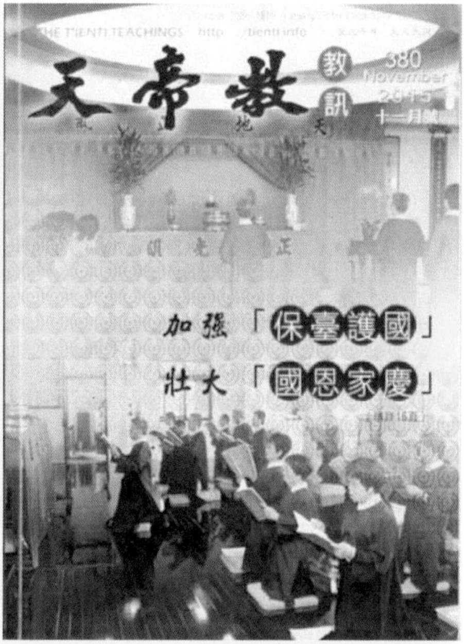

THE T'IENTI TEACHINGS http://tienti.info
天帝教
教訊
380
November
2015
十一月號
加強「保臺護國」
壯大「國恩家慶」

THE T'IENTI TEACHINGS http://tienti.info
天帝教
教訊
386
MAY
2016
五月號
第10屆國際道學研討會
10th International Conference on Daoist Studies
2016 年 5/26～5/29
天帝教　天安太和道場

天帝教
教訊
383、384
FEB.MAR
2016
二、三月號
THE T'IENTI TEACHINGS http://tienti.info
不黨 不賣 不私 不盲
平凡 平實 平和 平易
天帝教訃告

天帝教
教訊
392
NOVEMBER
2016
十一月號
敬賀陳光理樞機使者
恭奉教主
天帝御命當選天帝教第四任首席使者
明
大

ISSN 2308-1600（網路版）ISSN 2308-0379（印刷版）
天帝教
教訊
387
JUNE
2016
六月號
THE T'IENTI TEACHINGS http ://tienti.info
響應維生先生「祈禱兩岸和平」遺願
天極行宮啟建千萬聲皇（寶）誥運動

ISSN 2308-1600（網路版）ISSN 2308-0379（印刷版）
天帝教
教訊
395、396
FEB.MAR
2017
二、三月號
THE T'IENTI TEACHINGS http ://tienti.info
明
正

天帝教
教訊
393、394
DEC JAN
2016 2017
十二、一月號
THE T'IENTI TEACHINGS http ://tienti.info
天帝教
與您相約於
2017年
臺灣燈會
2017年 2/11～2/19
虎尾高鐵雲林站特定區

天帝教
教訊
400
JULY
2017
七月號
境界
2017
7/1-8/31
天帝教
Line貼圖大賽
(詳請見24頁)

天帝教
教訊
399
JUNE
2017
六月號
THE T'IENTI TEACHINGS http://tienti.info
本師歸隱華山80週年紀念
清平殿

天帝教
教訊
403
OCTOBER
十月號
THE T'IENTI TEACHINGS
時間：106年11月18日（農曆十月初一）星期六
地點：澎湖縣馬公市興仁里雙頭掛70號 電話：06-9262399

天帝教
教訊
401
AUGUST
2017
八月號
THE T'IENTI TEACHINGS http://tienti.info
秋祭法會
106
年
9
月
16
日
(星期六)

天帝教
教訊
405
DECEMBER
2017
十二月號
財團法人天帝教澎湖初院

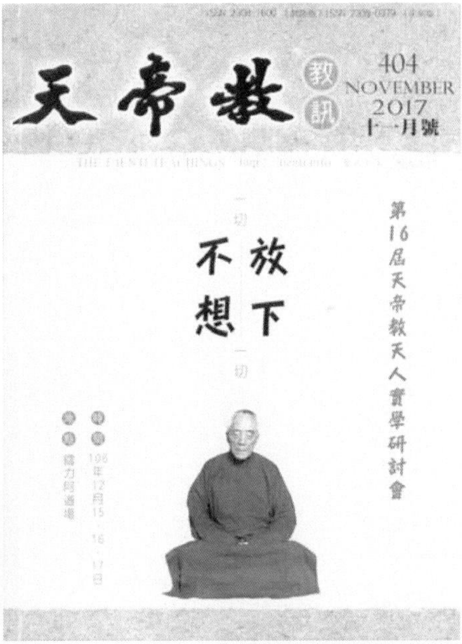
天帝教
教訊
404
NOVEMBER
2017
十一月號
一切放下
一切不想
第16屆天帝教天人實學研討會

天帝教
教訊
407、408
2018
迎祥　禳災解厄
臺灣　化劫消災
時間、107年4月28日（農曆3月13日）
星期六　9時00分至17時43分
地點、屏東縣立體育館
（屏東縣屏東市勝利路9號）
主辦單位、天帝教南部教區
承辦單位、天帝教屏東初院
2018
戊戌年

天帝教
教訊
406
JANUARY
2018
一月號
http://tienti.info
天帝教「大逆轉」
光理首席統率全教參與

天帝教
教訊
412
JULY
2018
七月號
The Lord of Universe Church
http://tienti.info

天帝教
教訊
411
JUNE
2018
六月號
玉元殿外殿加光暨天湖堂增建工程落成典禮
歷經多月，新竹天湖堂擴建工程圓成，107年6月10日教壇「玉元殿」
外殿，從原本2樓奉安至3樓，由光部閎導師辦公室主任閎導師陳光宣
掌教重新加光，後恭請光理首席使者（右）恩錫加光。

天帝教
教訊
415
OCTOBER
2018
十月號

天帝教
教訊
414
SEPTEMBER
2018
九月號
http://tienti.info
107年（戊戌年）坤院年會

第一篇　天帝教第二人間使命：中國和平統一

《教訊》402期，119期
師尊以「反省懺悔」的功法，直指人心

77年3月6日師尊、師母為鐳力阿道場清虛妙境舉行破土典禮。《教訊》410期，26頁

第一章　緒　論：涵靜老人最後的叮嚀「中國和平統一」

有關天帝教、涵靜老人李玉階（說大導演李行的父親大家比較清楚）的基本簡介，筆者在二〇一三年所著《天帝教的中華文化意涵—掬一瓢《教訊》品天香》一書，已有略為概說。（註一）故在本書不再贅論，僅在文章脈絡相關時，必須再做簡述才會提到。

話從涵靜老人臨終前一刻說起，由天帝教教史委員會提供資料，《教訊》編輯部整理，〈不忘中華一家　聖靈歸晉金闕〉一文，記錄了涵靜老人最後的叮嚀，「願以自己的生命換取中國和平統一」。（註二）

一九九四年（甲戌民國八十三年）七月三十日，涵靜老人從美國回到台灣，立即住進台北榮總，診斷出有胃部腫瘤，在全教同奮懇求下，老人家慈悲「願意安心靜養靜待天命」。

在養病中，這位天帝教的創始者也是首任首席使者，念念不忘他的天命要完成「中國和平統一」心願。這年的十二月十四日，在病榻上寫下「中華一家」四個字。當天午刻後，他告訴陪侍者說，「十二月十三日晚上，已經向兩位聖師祖報告『我已經聽到，我已經聽到──中國最大的電台、台灣的電台說：中國已經統一了！』」

十二月二十日，老人家又請求兩位聖師祖：（一）願以此軀殼化解明年兩岸的緊張情勢，力保台灣二千一百萬同胞生命財產的安全。（二）願用自己的生命，換取提前實現中國和平統一的契機。

十二月二十六日，無始古佛傳布「天帝詔命」，特詔涵靜老人返回金闕繳覆天命。他老人家駐世救劫九十五載。老人家歸證回天後，隨於同日傳諭〈囑咐全教同奮書〉曰：「至盼全家同奮共同奮鬥，共創新運，不負本席『以己身贖民罪，了蒼生共業』之願！本席在天與全教共同奮鬥，早日完成兩岸真正和平統一。」

至次年（民84）元月二十二日上午，天帝教在天極行宮舉辦追思大典暨祈禱兩岸和平統一大會。這是該文所記涵靜老人最後的叮嚀，感動啊！如同孫中山先生最後的叮嚀「和平、奮鬥、救中國！」也都必然會感動所有中華子民，儘早完成中華民族復興和兩岸統一大業。

壹、關於天帝教「三期末劫」與「兩大時代使命」

天帝教是台灣地區新興宗教之一，一個宗教為何搞起中國統一大業？這是天帝教和地球上所有宗教最大的不同，天帝教是一個「救劫」的宗教。「劫難」何在呢？在天帝教樞機院有個「本師復興天帝教詔命」：（註三）

天運庚申年公元一九八〇年，民國六十九年十二月二十七日，李特首相降於凌霄寶殿直轄寶殿，奉

宇宙大主宰　玄穹高上帝，天帝教教主御旨頒佈詔命

晉封道統第五十五代天人教凡間教主李卿極初為天帝教駐人間首任首

席使者

傳佈宇宙大道　窮究天人文化

化解核戰毀滅之浩劫　再造和平統一之中國

力行三種奮鬥　促進三期大同

奠人間教基　作宇宙之先鋒

曉知三界十方　一體秉諭遵行

敬維

首任首席使者天命昭然，謹公佈受詔真相，流傳後世，永垂典範！

這可視為天帝教復興和人間使命的來源或緣由。所謂「三期末劫」和「兩大時代使命」，涵靜老人常講，在《教訊》很多文章也提到，本文按〈天帝教駐人間首任首席使者銅像頌〉一文所述，簡說之。（註四）

首任首席使者涵靜老人第一期天命是華山時期，身隱華山，朝夕祈禱，懇求上帝和眾神，保持中國一方淨土，精神支持中國抗日戰爭取得最後勝利。

涵靜老人第二期天命，為復興基地台灣時期，以強調天命仍在蔣公，為確保台灣復興基地，團結人心，積極復興中華民族而奮鬥。保有復興基地台灣，是完成中國統一的基礎。

涵靜老人第三期天命，正值世界核戰一觸即發，地球毀滅迫在眉睫，天帝（上帝）為復興帝教重來人間，特命涵靜老人為首席使者，宏揚　天帝真道，化除核戰，負起兩大時代任務。

第一個時代任務：呼籲世人急起從根自救，積極向上，樂觀奮鬥，袪除侵略鬥爭之兇暴心理，邁向精神重建，道德重整。

《教訊》409 期，101 頁

第二個時代任務：一心祈禱誦誥，哀求　天帝妙現神通，旋乾轉坤，化延世界核戰毀滅浩劫，鞏固台灣復興基地，長期坐鎮天極行宮支援玉靈殿正、副殿主（中山真人、中正真人）執行三大特定任務，早日完成以三民主義統一中國。

另在一九九二年涵靜老人九十歲時成立「極忠文教基金會」時，在成立大會他說天帝教二大時代使命：一是化延核戰毀滅浩劫。二是確保台灣復興基地，最後實行三民主義統一中國，達到一個國家、一個主義，兩岸自然和平統一。（註五）天帝教第三任首席使者童光照在巡迴道場致詞，也講第一時代使命是化延核戰毀滅浩劫，第二時代使命是保台護國完成中國的和平統一。（註六）天帝教這兩大人間使命，本書置重點於「第二人間使命」，到底天帝教要怎樣經由「神力」（上帝和眾神的力量），進行「反獨促統」，完成中國和平統一大業??

貳、關於「兩岸和平統一」和「三民主義統一中國」

「兩岸和平統一」和「三民主義統一中國」是兩個命題，但在天帝教《教訊》諸多論述，其實是同一命題。因為天帝教的第二人間使命，正是「以三民主義統一中國」，要深入解釋，有很多「灰色空間」（寬鬆和嚴謹解釋）、嚴謹的解釋，是依「三民主義憲法」，建立行政、立法、司法、考試、監察的五院政府組織，推行西方式民主政治、兩黨政治或多黨制。

寬鬆的解釋，只要取意孫中山說的「溫和的社會主義就是三民主義」。如是，則很多人都認為，「有中國特色的社會主義就是三民主義」，包含涵靜老人也這樣認為。那麼，現在中國大陸就是正在實踐三民主義，「中國夢」是孫中山的夢，也是全體中國人的夢。

筆者以「政治研究所三民主義研究組」的背景，研究三民主義制度三十年，得出的結果是「三民主義行不通」，憲法所訂也大多不能執行，五院不可能平等，台灣推行民主政治也是失敗的。這問題涉及層面太深太廣，後面的章節還會再述。所以，三民主義統一中國只能以寬鬆解釋，取三民主義之「意」就好。

天帝教又怎樣論述呢？早在民國八十三年，天帝教原已和華山管理局協

《教訊》398 期，頁 62 師尊、師母 90 大壽

議，在華山莎蘿坪豎立本師世尊手書「天地正氣」碑。後立碑未果，但老人家說明立碑意義有一段話：（註七）

> 早在民國78年天安門事件前兩年，無形中已派中山真人進駐華山白雲峰「清平樓」，執行　天帝交付三大特定任務。現在，中共自己已承認共產主義試驗失敗。要另創具有中國特色的社會主義。所謂「中國式的社會主義」，豈不就是三民主義？所以我肯定中國也就是台海兩岸一定會走向「一個主義、一個中國」，真正和平統一的道路……我的第一天命「確保關中一方淨土」也是在華山完成，所以天帝教要將華山精神與鐳力阿道場貫通，連成一脈，發揮救劫弘教的力量，儘快完成第三天命。

這些論述涵靜老人講過很多，《教訊》中不少文章都一再闡揚。例如在第三九八期一篇提到「極忠文教基金會」成立時，涵靜老人在大會致詞說：「天帝教復興十一年以來，一再強調『三民主義統一中國』……老實說，溫和的社會主義，就是三民主義。」（註八）在涵靜老人給鄧小平的兩封信中，指出「和平統一是天心民意所歸」並強調說：（註九）

台灣實驗三民主義，大陸實驗共產主義，兩地同時起步，數十年來事實勝於雄辯，結果是共產黨宣布改走「中國特色的社會主義」，其實就是三民主義；兩岸殊途同歸……

按以上所論，現在大陸所推行的正是「三民主義」，是三民主義讓中國崛起成為全球第二大經濟體，中華民族之復興，「中國夢」近了，孫中山說的「廿一世紀是中國人的世紀」已然正在眼前。為什麼？為什麼？大陸實行「三民主義」成功，而台灣失敗（筆者三十年研究所見）！因為台灣有三民主義「骨架」，血肉內涵全是西方民主政治和資本主義，孫中山的「美式兩黨制」也不合中國文化背景。台灣雖有「三民主義憲法」，但深入研究就知道太多不可行。

因此，涵靜老人的見解極為高明，「三民主義統一中國」，是只取三民主義之意（精神），不取三民主義之形（制度）。未來中國統一，就是統一在溫和的社會主義之下，亦合於三民主義的精神。

參、中華文化的化身、反獨促統的先鋒

涵靜老人一生所有言論，復興（創建）天帝教的核心思想和價值，都圍繞著中華文化運行，這是毫無疑問的。因此，他老人家是中華文化的化身，很自然的成為「反獨促統」的先鋒，每一期《教訊》打開一看，幾可當成一本《中華文化基本教材》閱讀。

五千年中華文化的內容精要，逐步形成天帝教天人實學思想體系，而以大經《新境界》、大法《天帝教教綱》、大寶《宇宙應元妙法至寶》傳世。這些是中華文化的精髓，是中華文化的老根，是中華民族立世之根本，當然也是壯大中國強盛的根本。涵靜老人如是教化他的同奮，共同為復興中華文化、反獨促

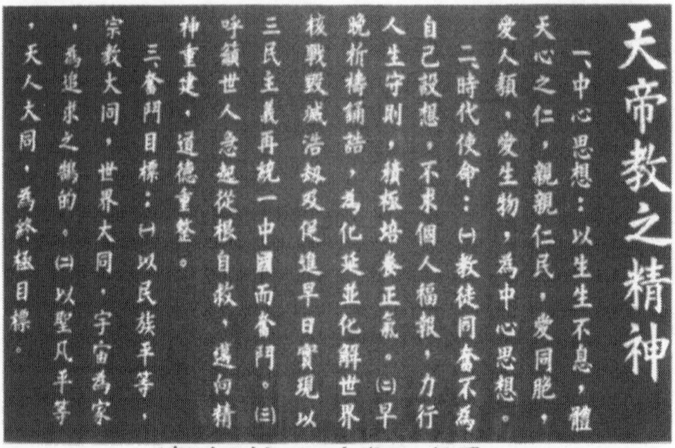

天帝教之精神

一、中心思想：以生生不息，體天心之仁，親親仁民，愛同胞，愛人類，愛生物，為中心思想。

二、時代使命：㈠教徒同奮不為自己設想，不求個人福報，力行人生守則，積極培養正氣。㈡早晚祈禱誦誥，為化延並化解世界核戰毀滅浩劫及促進早日實現以三民主義再統一中國而奮鬥。㈢呼籲世人急起從根自救，邁向精神重建，道德重整。

三、奮鬥目標：㈠以民族平等，宗教大同，世界大同，宇宙為家，為追求之鵠的。㈡以聖凡平等，天人大同，為終極目標。

《教訊》404期，61頁.

統，完成中國和平統一而奮鬥。

二〇一七年後，台灣獨派勢力高漲，偽行政院長賴清德竟在廟堂之上公然主張台獨。已在天界的涵靜老人仍以「極初大帝」身份，傳示天帝教同奮，指出賴清德言論「重大衝擊本教的保台護國」使命。所謂「務實台獨論」的公然倡議，會迫使大陸大幅度調整兩岸政策的作為，仰蒙教主　上帝慈悲，天人合力共同為本教第二時代使命而共同奮鬥。（註十）除了極初大帝，在《教訊》四〇四期的「應元仙佛啟示」諸神有：首席督統鐳力前鋒、三期主宰、中山真人、首席正法文略導師、維生天赦廣化真人、太虛子、玄玄上帝、無始古佛、太靈殿主。

諸神所傳示內容，不外復興中華文化、

訪問團一行，與「天安」團隊大合照　　《教訊》391 期，頁 93

反獨促統、中國和平統一、完成第二人間時代使命等。這些存在無形天界的眾神，長年垂諭，殷切期勉天帝教同奮，加持同奮修持心性，堅定不移自己的信仰和使命。我看（指從《教訊》看），天帝教同奮經年累月為「中國統一、中華一家」使命，而祈禱、而誦誥，哀求　天帝（上帝），確實可以產生一種強大的力量。也許這便是「驚天地、泣神鬼」，很多人必然會受到感動而改變心性。

二〇一八年春，極初大帝在巡天節聖訓，以「法理台獨必肇武統」為題，警示同奮，期勉長期祈禱誦誥集救劫正氣。（註十一）進而再強調，台灣是中華文化的老根，大陸則提倡兩岸心靈契合，致力實行三民主義完成建國方略計畫；這與主張三民主義統一中國，以中華文化為中心思想即是契合，兩岸和平統一是時代潮流所趨，全教同奮努力奮鬥，都是歷史的見證。

肆、涵靜老人永世不忘之大願

涵靜老人李玉階先生，天帝教同奮尊稱他為本師世尊，為天帝教首任首席使者。天帝教在人間不設教主，以萬天至尊道統始祖宇宙主宰玄穹高上帝為教主，稱「天帝」或「上帝」。首任首席之後，第二任是維生首席，第三任是光照首席，現在（二〇一八年底）是第四任首席使者陳光理先生。

本師世尊證道後之宇宙生命歷程

時間	大事	職掌
83年12月26日	證道回天	
83年12月26日 至 84年1月25日	清虛宮養靈約30天	
84年1月25日 至 89年12月26日	極子道院初極養成所 修煉約6年	
89年12月26日	完成極子道院初極 養成所修煉	奉　御命為帝教總殿 實習主持
90年 （2001年・辛巳年）	春劫起運	
90年4月27日 （2001年・辛巳年4月5日）	帝教總殿實習主持 學習期滿	
91年2月7日 （辛巳年12月26日）		奉詔擔任春劫主宰
93年1月17日 （癸未年12月26日)		奉　御命擔任帝教總殿保台方 案總主持
89年12月26日 至 96年2月12日	極子道院炁極養成所 修煉約6年	
96年2月12日 （丙戌年12月25日）	完成極子道院炁極 養成所修煉 進入極子道院和極 養成所修煉	受封極初大帝 擔任新制帝教總殿主持

《教訊》395、396合期，頁106.

涵靜老人於民國八十三年十二月二十六日證道回天（即民俗之往生）。之後，在無形天界進行長期修煉，到丙戌年（民95、二〇〇六）十二月二十五日，即陽曆二〇〇七年二月十二日，被上帝封為「極初大帝」，不斷在無形領導著天帝教，時時經由「侍光」等傳達他的「聖訓」，加持天帝教同奮堅持信念，完成時代使命。引一段極初大帝為教化中華子民，傳示同奮的聖言：（註十二）

廿字教化普濟蒼生　念念不離智慧圓明

極初大帝

一〇六年八月十二日
丁酉年閏六月二十一日午時

人間一年一度父親節來臨，本席……

中華文化世紀已經到來，中華文化老根在台灣，天帝教同奮認清自己的裡先來自大陸，語言、文字、宗教信念、生活習慣也都傳承自大陸，天帝教的天命由華山道脈轉移到鐳力阿道脈，天命一貫，要堅定信心為二大時代使命而奮鬥；要以廿字真言教育下一代子女，認同與中華文化一脈相傳，是台灣人，也是中國人，以兩岸真正和平統一為目標。

這就是涵靜老人，生生世世不忘他的天命大業。他駐世一生，可謂是「謹遵天命，服從師命」，以「知其不可為而為」的精神，承擔眾生共業；以大無畏靈肉布施的悲願，搶救三期末劫，為「化延核戰毀滅浩劫，確保台灣復興基地」的兩大時代使命犧牲奉獻。

涵靜老人最後的叮嚀原來並非「最後」，而是生生世世的叮嚀，永恆的叮嚀！也並非僅針對天帝教同奮的叮嚀期許，更是針對炎黃子孫、世世代代的中華子民的叮嚀期勉：大家共同奮鬥，儘早完成中國的和平統一。

小　結

歸證後的涵靜老人，在天帝教同奮心中，感覺師尊還每天和大家一起生活、修行、祈禱。涵靜老人也總在同奮需要時，都和大家在一起，給大家加持、鼓舞。例如，時序走到二〇一八年春夏之季，世間呈現一個大亂局，不僅台灣因統獨之爭而亂，國際社會則有「川普之亂」，整體道德淪喪，無恥政客橫行，「人的社會」都變質了！

在這外在環境動亂，內在的人心「慾望橫流」，要怎樣修道？要怎樣完成第二人間使命？涵靜老人在天上要鼓舞天帝教的同奮。他即以極初大帝之名傳示：綜觀人間帝教現況，隱約之間，人心浮動，道心消退，乃是一大隱憂……救劫使者心存中正，不離本教中心思想「親親仁民，仁民愛物」（註十三）……

涵靜老人駐世九十四載，他一生跟中國的憂患脈動一起跳顫，跟所有中華子民一起呼吸吐納。為完成中國的和平統一，他會和天帝教同奮一起奮鬥下去，直到實現「中國夢」！

註釋

註一　陳福成，《天帝教的中華文化意涵—掬一瓢《教訊》品天香》（台北：文史哲出版社，二〇一三年八月）。

註二　教史委員會資料提供、編輯部整理，〈不忘中華一家聖靈歸晉金闕〉，《教訊》

第三七〇期（二〇一五年元月），頁三〇—三一。

註三　〈首席闡道一一談宗教教化〉，《教訊》第四一三期（二〇一八年八月），頁一四—二〇。

註四　編輯部，〈慶！推動救劫使者的搖籃—天極行宮30歲生日！〉，《教訊》第三七七期（二〇一五年八月），頁一四—三二。

註五　編輯部，〈發揚文化　交流學術　作育英才〉，《教訊》第三九八期（二〇一七年五月），頁六二—六三。

註六　中書室提供，〈首席環島觀心親和　期正選風突破困局〉，《教訊》第三八二期（二〇一六年元月），頁六—一二。

註七　編輯部，〈信心勇氣毅力犧牲奉獻　華山精神何時再現輝煌〉，《教訊》第三七六期（二〇一五年七月），頁三四—三九。

註八　同註五。

註九　呂緒麟，〈再造黃冑一統盛世—再談師尊致鄧小平的兩封信〉，《教訊》第四一一期（二〇一八年六月），頁五六—一五九。

註十　天人親和院提供，光理首席使者核示，〈應元仙佛啟示〉，《教訊》第四〇四期（二〇一七年十一月），四九—五九。

註十一　天人親和院、中書室提供，陳光理首席使者核示，編輯部整理，〈丁酉年巡天節聖訓專輯〉，《教訊》第四〇七、四〇八合刊（二〇一八年二、三月），頁一九。

註十二　天人親和院提供，光理首席使者核示，〈應元仙佛啟示〉，《教訊》第四〇二期（二〇一七年九月），頁七五—七六。

註十三　〈傳道訓練採取新制　造就以教為家神職〉，《教訊》第四一三期（二〇一八年八月），頁三一—三二。

第二章 經由祈禱和神諭強化第二人間使命功能

人類各民族都有不同的「人」和「神」的溝通方法，通常是經由某種宗教儀式完成。在天帝教，同奮經由祈禱或誦誥（如皇誥、寶誥），向天帝（即上帝）或天上諸神表達意見，而上帝或眾神經特別身份的人（侍生、侍筆），轉達「天意」，換成中文，此即神諭或聖訓。

但「天人交通」有很多「甚深妙意」，天帝教為天人交通做了很多「大事業」，非該教同奮恐難以理解，筆者亦不知其詳。惟天帝教第二人間使命是要完成中國和平統一，不經由武力革命或政治途徑，而是經由祈禱與誦誥等方法，由「神力」完成使命，這是多麼神聖和深妙！怎能讓人有所質疑？按天帝教各種文獻談談這個問題。

壹、「神的語言」怎樣轉達到人間？關於神諭與聖訓

在天帝教較早出版的《天帝教答客問》小冊，其第7、8、27、28、29、30、31等條，講到神的語言怎樣轉換到「人的語言文字」。（註一）原來是由「光生」（侍光）、媒壓、神媒等途徑而來，涵靜老人的長公子李子弋先生（第二任維生首席使者）年少時，就很有靈性智慧，已能勝任天人交通中的「光生」工作，把稀世珍寶「道統衍流」，從「光幕」中抄寫下來。

另一本較新的《天帝教答客問》第九條，解釋「上帝的訊息如何傳遞到人間？途徑為何？」（註二）天人交通方法有侍光、侍準、侍筆、侍聽、精神治療、靜參、靜觀等，小冊中配有侍光圖、侍準圖、天人炁功原理圖。

筆者雖這樣轉述，但相信一般讀者仍難以理解全部

7 週年堂慶，維生首席加光 (陳正筆翻拍)

真相，天人關係本來就是一門「甚深微妙法」，各宗教大多「教外別傳」。除非成為天帝教同奮，還要有很高「慧根」，才能知道天人關係中諸多玄妙真相。

上帝與眾神的訊息有了傳遞人間的「橋樑」（侍光、神媒等），而人類的訊息如何傳達到天上眾神呢？可能各教派也方法不一。在天帝教同奮就是祈禱和誦誥，由此產生「強大的力量」，進行「反獨促統」，完成中國和平統一，實現天帝教的第二人間使命。

天帝教的第二人間使命「中國統一」，是偉大又困難的工程，而且也是「人的問題」，憑什麼上帝或諸神要來幫忙？當然就是人「祈禱」真誠的程度，絕對的真誠可以感動天地萬物，當然可以感動上帝與諸神，以神力來回應人的請求（祈禱）。

為使「祈禱」能達到至高真誠境界，在《天帝教教綱》一書之〈教程—祈

禱親和須知〉一節，有嚴格的「祈禱規範」：（註三）

第一、教徒同奮于日常祈禱前，務須潔靜身心，精神貫注，以期肅穆雍和，上格天心。

第二、祈禱親和，須默朝　道統始祖宇宙主宰玄穹高上帝，貫念首任首席使者，精誠不貳，開始默陳，為教奮鬥，並自省其心，自明其願，以求感應媒助。

第三、祈禱親儀式：列有各類個別和集體儀式，多則十餘項，「家庭個別儀式」七項：（一）立正、雙手捫心；（二）誦廿字真言三遍；（三）雙手捫心，仰首默朝　道統始祖宇宙主宰玄穹高上帝、貫念首任首席使者、默祝心願；（四）雙手捫心，俯首自省；（五）三呼天人親和呼號：「教主！我願奮鬥！」；（六）誦廿字真言三遍；（七）禮成。

按天帝教的誦誥、祈禱儀式甚為繁複，外人難知其全，在《教訊》第四一

7週年慶，維生首席(左4中間坐者)與大家合影(天風堂檔案照片)

一期有〈天人交通機〉專刊，把人神（天）關係講的很詳細。（註四）惟天人關係雖繁複且深妙，能表現最高的真誠，讓上帝或諸神願意對「中國統一」幫上忙，就一切都值得了！

貳、祈禱與誦誥十大功能

天帝教同奮手無寸鐵，沒有飛機大砲、沒有航空母艦，更沒有幾十萬大軍待命出征，有什麼資格要完成「中國和平統一」。有個基本常識，國家的形成靠武力，民族的形成靠自然力，所以中國歷史上（西方亦然），統獨的終極解決，都是經由戰爭手段。天帝教要經由「神力」完成中國統一，還真是中外千

東部教區主任開導師蘇光怪長教為天森堂「玉宏殿」外殿，舉行開光大典。

古所未有！

原來天帝教認為「宗教徒最大利器是祈禱」，誦念兩誥則是最大法寶。〈皇誥〉和《寶誥》是天帝教的救劫通天法寶，加上各地教院舉行各種法會，集體誦念《廿字真經》、《奮鬥真經》，能達到天、地、人三曹同步救劫的功效，惟天帝教誦經仍以「兩誥」為主。民國八十年七月十五日，涵靜老人在第三期高教班上課時就說：「想要早一點回大陸，能夠真正的和平統一，就要加強、加緊，有組織、有計劃地誦唸〈皇誥〉和《寶誥》……」。（註五）民國八十八年五月十五日，已歸證天界的涵靜老人，仍對帝教同奮垂諭指出一段話：（註六）

《天曹應元寶誥》為本教救劫之至寶，在教壇光殿集體持誦，經由宇宙監經大天尊主持收經，直達天聽，應元諸先天大老、上聖高真有感斯應，直接轉化而成生生不息之救劫宏教正氣力量。

帝教同奮個別虔誠持誦，則由各監經童子負責收經，仍然可以與應元諸先天大老、上聖高真，感應熱準，正如誦誥須知所言：「將有不可思議功德。」

可見由帝教同奮集體誦唸〈皇誥〉和《寶誥》，大家同心、同氣、同聲，人人一心不亂，口誦心惟，到了不動心的境界，念力匯聚成至大至剛的正氣力量。真是「驚天地、泣鬼神」，就有了完成使命的力量。所以「唸」很重要，正確「唸」的觀念才能產生「念力」，尤其〈皇誥〉與救劫使命密不可分，同奮持誦〈皇誥〉法則有五：（一）為拯救天下蒼生而唸。（二）為化延核戰毀滅劫而唸。（三）為確保台灣復興基地而唸。（四）為促進兩岸共存共榮而唸。（五）為天赦之教普化人心而唸。（註七）這表示天帝教同奮在祈禱誦誥求願時，是極為崇高的「唸」，不能為個人求財謀利等事而「唸」，不為個人功德私利而唸，是涵靜老人經常為同奮上課提到的，很多《教訊》文章可讀到。

整體觀察研究天帝教的「祈禱」作為，確實可以成為一個「利器」，而誦誥恪遵「信、願、行」，及涵靜老人強調的「不為自己設想、不求個人福報」，遵行前述五大法則。按《清虛宮宏法院教師講義》載錄「無私」誦持〈皇誥〉和《寶誥》，可以產生十大功能。（註八）

一、可化延核戰毀滅浩劫。
二、可化戾氣為祥和，確保台灣復興基地。
三、可以除隱疾去百病，延年益壽。
四、可以消業障，消除人間劫難，使災禍遠離家庭平安。
五、可渡陰魅，超拔祖先。
六、吉神隨侍，逢凶化吉，隨遇善緣，人逢欽敬。
七、可啟發智慧，擴充無限量之慈心，增進良知、良能。
八、可使原靈合體，恢復三界原籍。
九、可以成道，神通具足，造就出身外之身。
十、可以天人合一，成仙成佛。

十大功能中，若對應〈天帝教時代使命迴向文〉和〈保台護國和平統一迴向文〉，前兩大功能正是天帝教的兩大時代使命，完全大公無私之功德。同奮誦誥是「我為人人」，自己也是「人人」之一，其他八個功能自然回應到自己身上。這是主從關係，不能反客為主，所以同奮的祈禱誦誥有正確的觀念和心態，是決定產生成效和力量的最大關鍵。

參、眾神聖訓、天諭、道言加持「和平統一」

天帝教的同奮們，日夜都在祈禱誦誥，哀求上帝與眾神，加持兩大人間使命（化解核戰、中國統一）。這是天帝教來地球的原因，是天帝教立教之本，是天帝教的天命，涵靜老人的天命。但筆者認為，統一更是我們這一代中國人的天命，不能盡心盡力反獨促統，有愧生為中國人。

面對同奮日夜至誠之祈禱誦經哀求，上帝與諸神也積極回應，在每一期《教訊》都能讀到很多眾神之真言。

甲午年巡天節，眾神都在關心天帝教的人間使命。由極院天人親和院恭輯甲午年十二月二十四日到二十七日，四天的神諭共計六十一篇，所關照的

《教訊》402期，7頁.

內容不外化解核戰、兩岸統一和復興中華文化等。而垂諭之眾神有：先天一炁機禪子、極初大帝、首席督統鐳力前鋒、首席正法文略導師、萬法教主、玄天真武大帝、九天玄女、無始古佛、太虛子、三期主宰、玄玄上帝、慈恩聖母、萬靈兼主、中山真人、維法佛王、瑤池金母、紫微大帝、一炁宗主、崑崙老祖、天人教主、先天一炁玄靈子、先天一炁玄福子、先天一炁流意子、先天一炁流道子、應元都天少皇、鎮河守嶽少皇、太陽星君、太陰星君、冥王星君、崇道真人、先天一炁金玄子。可以說，宇宙內外眾神都在為天帝教加油，就是加持兩大使命之必勝必成。以下引幾位無形仙佛之「甲午年巡天節聖訓」部分要點。（註九）

先天一炁機禪子：天帝教同奮素知教主　上帝鍾愛台灣寶島，乃因中華文化老根深植斯土斯民，更應廣宣教化，齊歸正道，祥符天心生生之大德。

首席督統鐳力前鋒：藉此巡天節絕佳機緣，同

參與2階培訓工作的工作與輔導人員一起與新任「筆」修生素蓮（前排左）、光怠，以及光理首席（前排中間）大合照。《教訊》402期，42頁。

奮一念之轉，即起奮鬥，發願為宏揚中華文化，為兩大時代使命，勇猛當先，壯大氣魄，全力完成救劫使者天命。

無始古佛：台灣太陽花學運影響兩岸服貿、貨貿談判進展，相較之下，大陸以「一帶一路」大戰略，跨越廿一世紀危機挑戰門檻，將成為未來全球經濟成長的火車頭。……台灣……未來充滿茫然……

萬靈兼主：上帝於玉成殿召開「兩岸會報」，聖示……國民黨必須改變思維，重拾中山真人「和平、奮鬥、救中國」遺願，強調追求國家統一的初衷，有信念、有理想，自會產生力量。

中山眞人：中國大陸的國力，已躍居世界強國，無形保台方案更有存在的必要，天人務必貫徹「確保台灣復興基地，完成兩岸真正和平統一」……完成三大特定任務。

先天一炁玄靈子：「大學之道，在明明德，在親民，在止於至善。」明白指出：古之儒者，有「定、靜、安、慮、得」靜坐修持功夫……承擔二大時代使命。

極初大帝：教主　上帝召開「兩岸會報」補充說明：兩岸關於發展迄今，

可謂曲折、反覆與多變，先前因服貿協議拖延，後又發生海峽中線問題與雙橡園事件陰影……通過大陸，走向世界，符合台灣利益。

首席正法文略導師：教主　上帝巡天，對同奮尤其有不凡之意義。希望同奮幡然醒悟，痛下決心，誓願勤修救劫急頓法門，誓願搶救三期末劫，即從貫徹二大時代使命著手，人道不虧，天道可登。

肆、眾神嚴厲批判分裂族群、分裂國家之分離主義

化解核戰挽救人類和完成中國統一，是天帝教兩大人間使命，可以說也是涵靜老人李玉階復興天帝教最重要的原因，是老人家和天帝教同奮共同的天命。對於這樣的天命，日夜接聽天帝教同奮祈禱誦誥的天界眾神們，當然也是要加持並維護，給予天地教同奮最大力量去完成使命。

但宇宙間常有意外，歷史總是有逆流如同社會有黑暗，炎黃子孫多少有些敗家子，對於公然和天帝教第二使命（中國統一）唱反調的民族敗類，眾神能耐他何？天帝教同奮向天帝眾神祈禱中國和平統一，幾十年了！至今只見民族

敗類要搞台獨，要「去中國化」！消滅中華文化！要使台灣再成為美日殖民地。天帝教同奮將如何？上帝與天界諸神將如何？

筆者設想，神的耐性也是有限的，對於台獨份子的「逆天」行為，上帝和眾神不可能無限制容忍。「人在做、天在看」，當然就是神在看，到了「神也看不下去」，神也會發出警告，發揮天界的批判精神，批判台獨的「逆天」作為。為搞台獨，台灣人心沈淪，失去禮義廉恥，失去是非道德。以下也舉列眾神嚴厲批判分裂族群、分裂國家的分離主義，這些真言聖訓當然也是對天帝教同奮哀求的回應，更是對第二人間使命加持力道，強化完成的功能。如是，中國之統一只是時間的遲早。

省掌院參教長張靜近（最後1排右3）與彰化初院參教長劉鏡凡（蹲著左1）率領發心支援攜膳的同奮們，以及花蓮港掌院同奮們、該院新任傳道師林緒堂、黃靜欽侁儀（第1、2排最右邊）一起大合照。《教訊》410期，10頁。

極初大帝：台灣民心道德淪喪，積非成是，又逢總統選舉年，更是變本加厲，影響善良風氣至鉅，倘若不知惜天福感天恩，一意孤行，前途不可樂觀啊！

（註十）

極初大帝：民進黨正式執政後，兩岸關係發展路線已改弦更張，採「親美日而遠中」，以致陷入目前的冷對抗局面。此勢態任其發展，復加美日兩國介入，實已威脅台灣二千三百萬同胞身家性命安全……（註十一）

無始古佛：民進黨完全執政後，面臨兩岸停止交流對話，陸客驟減，對立衝突危機升高；台灣內部，政黨族群更形尖銳對立……考驗天帝教完成第二時代使命的進程。（註十二）

玄玄上帝：政治上之對立造成台灣內耗空轉……忽視兩岸得來不易之友好關係，自外於中國大陸在政治經濟上的實力，對立也引來軍事上的緊張關係，一旦誤判國際情勢，情勢逆轉，國土何其危脆，當以「外求和平」為目標。（註十三）

以上不過舉例，可以理解眾神雖對台灣現狀說了重話，惟諸神慈悲，大多「高高舉起、輕輕放下」，期待台灣人民能自己覺悟，自己體內流著炎黃的血，是台灣人，當然就是中國人。千萬不要到了戰爭、死到臨頭才後悔。《教訊》已有多處警告「武統台灣條件漸圓」，這是很實際的判斷。（註十四）從現在全球民悴流行，人的無知低能可說完全在陽光下被認識，各國人民可以說全被該國政客牽著鼻子走，當然「西方民主政治」是個大問題。所以筆者是反對在中國推行西式民主制度的人，為此寫了一本《找尋理想國—中國式民主政治研究要綱》。（註十五）美式兩黨制不適合中國歷史文化和國情現況，中國人需要類似儒家「明君」統治，一黨執政再加強制衡制度最適合中國。但這是筆者個人之見，天帝教同奮可能另有高見！

伍、光理首席使者緊急誦誥全面啓動

天帝教的第一時代使命（化解核戰）和第二時代使命（中國統一），兩者之間存在何種關係？沒有戰略素養的人，可以說「無感」，不知道！

但第四任天帝教首席使者陳光理是何等人物？怎會看不透第一、二使命存在的關係？美朝核武危機極可能也是台海危機，中美兩大強權有可能拿台灣和北韓做交易，這種事情的發生可能性越來越大！

「祈禱是宗教徒最大的武器」是涵靜老人常說的，所以天帝教同奮的祈禱和誦誥時間很長，每年集體持誦〈皇誥〉、《寶誥》和各種迴向文，都是以幾千萬幾億聲計。光理首席看到潛在的大危機，緊急啟動全教誦誥，極初大帝叩請　上帝教主全面啟動「金闕保台方案」。同奮亦很快體認到「核戰爆發」，啟動「保台、護台」機制的必要。全部之詳情經過，可詳讀《教訊》第四〇二期的〈緊急加強誦誥〉專刊。（註十六）

二〇一七年（民106）間，美朝核戰一觸即發，全球面臨毀滅邊緣，這是天帝教第一使命危機，也是第二使命危機。同年八月十五日（丁酉年六月二十四日）起，天帝教在首席使者陳光理同奮領導下，發動「化延核戰毀滅浩劫」祈禱誦誥救劫活動，光理首席登高一呼，全教總動員響應配合。光理首

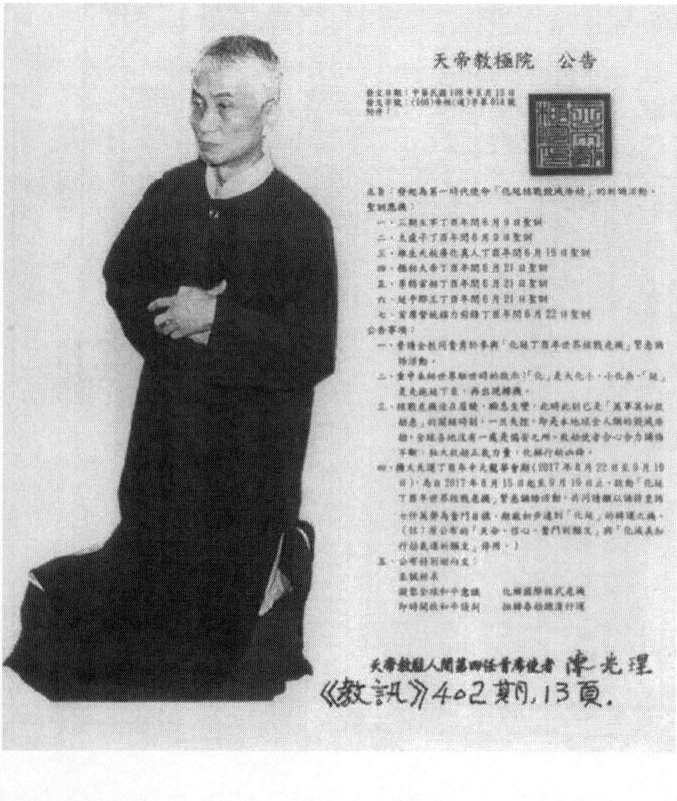

席臨時就任「人間最高救劫總指揮」，公告五項行動綱領：（註十七）

一、普請全教同奮勇於參與「化延丁酉年世界核戰危機」緊急誦誥活動。

二、重申本師世尊駐世時的啟示：「化」是大化小，小化無；「延」是先拖延下來，再出現轉機。

三、核戰危機迫在眉睫，瞬息生變，此時此刻已是「萬事莫如救劫急」的關鍵時刻，一旦失控，即是本地球全人類的毀滅浩劫，全球各地沒有一處是偏安之所。救劫使者合心合力誦誥不斷，壯大救劫正氣力量，化延行劫凶鋒。

四、擴大天運丁酉年中元龍華會期（二〇一七年八月二十二日至九月十九日）—即刻自二〇一七年八月十五日起至九月十九日止，啟動「化延丁酉年世

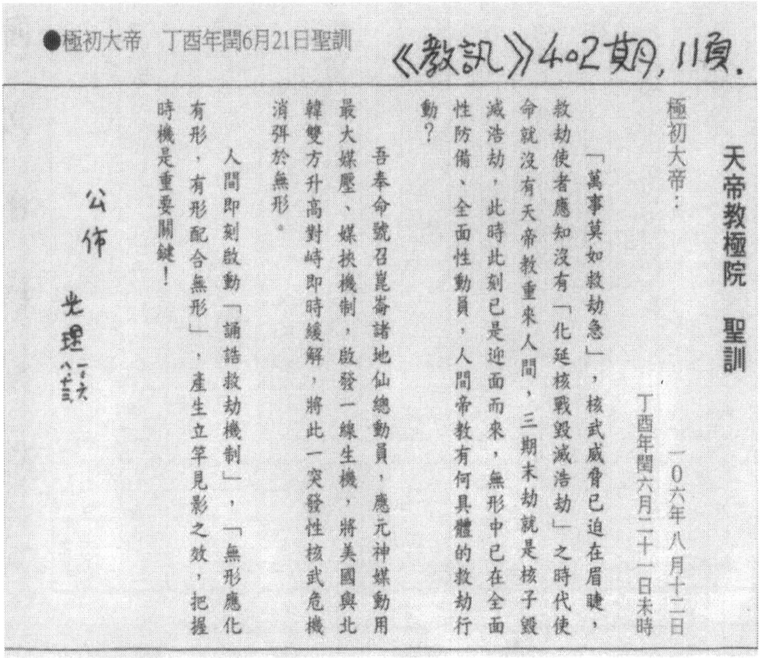

●極初大帝　丁酉年閏6月21日聖訓　《教訊》402期，11頁.

天帝教極院　聖訓

一〇六年八月十二日
丁酉年閏六月二十一日未時

極初大帝：

「萬事莫如救劫急」，核武威脅已迫在眉睫，救劫使者應知沒有「化延核戰毀滅浩劫」之時代使命就沒有天帝教重來人間，三期末劫就是核子毀滅浩劫，此時此刻已是迎面而來，無形中已在全面性防備、全面性動員，人間帝教有何具體的救劫行動？

吾奉命號召崑崙諸地仙總動員，應元神媒動用最大媒壓、媒抉機制，啟發一線生機，將美國與北韓雙方升高對峙即時緩解，將此一突發性核武危機消弭於無形。

人間即刻啟動「誦誥救劫機制」，「無形應化有形，有形配合無形」，產生立竿見影之效，把握時機是重要關鍵！

公佈　光理　一〇六　八．十三

界核戰危機」緊急誦誥活動。同時，共同請願以誦持〈皇誥〉七千萬聲為奮鬥目標，期能初步達到「化延」的轉運之機。

五、公佈新的特別迴向文，包括美國教區與日本教區，一體適用：

至誠祈求

凝聚全球和平意識　化解國際核戰危機

即時開始和平談判　扭轉春劫總清行運

經過天帝教全體同奮努力，天上眾神於此期間都來加持，無始古佛、萬靈兼主、首席督統鐳力前鋒、宇宙監經大天尊、維法佛王、玄玄上帝、日蓮上人、太虛子、極初大帝、應元都天少皇、天照大神、首席正法文略導師。諸神天語殷殷垂示，以神威強化同奮天命意識，扭轉劫運，成就不可思議之功德。

無論如何詮釋！至筆者寫本書之際（二〇一八年中秋），地球核戰尚未爆發，且在「川金會」後平息了下來，除天帝教同奮功德無量，感恩上帝和眾神慈

●李特首相　丁酉年閏6月21日聖訓　《教訊》402期，11頁.

天帝教極院　聖訓

一〇六年八月十二日
丁酉年閏六月二十一日申時

金闕李特首相：

極初大帝叩請　上帝教主全面啟動「金闕保臺方案」。奉　御示：

一、本地球面臨「核戰一觸即發」風險，全面啟動「保臺、護臺」機制。

二、春劫主宰統合金闕應元神媒運作「世界核戰毀滅危機」之無形防護機制，化減核戰凶鋒。

三、人間帝教發起全教「誦誥救劫」運動，天人相應，扭轉情勢走向。

公佈　光理 一〇六.八.十三.

悲救劫，川、金二人亦有功焉，他們沒按下桌上的「核彈按扭」！

小結

寫本文時，我一直在思索一個問題，「祈禱神諭等如何強化第二人間使功能」，也就是天帝教要完成的「中國統一」力量從何而來？怎樣可以強化這個救劫的「功能」？

因為人（同奮）和天（上帝、眾神）須要一座「橋樑」，才能溝通，有了溝通才可以產生力量，有了力量自然會產生功能。天帝教這座天人橋樑就是「侍生」，這是一個教外之人難以理解的人物，沒有這個角色，諸神訊息無法傳到人間並文字化，第二人間使命就難以實現。

天帝教的「侍生」從最早的華山時期，少年

光理首席恭讀天地教專任「侍生天命狀」　《教訊》402 期，45 頁

維生（即第二任首席使者、涵靜老人長公子）是天生的侍生。以後都要經過訓練才能產生擔任此一聖職，民國七十六年開辦第一期「天人交通班」，到現在已是第十七期，有素康和元炁二位同奮結業。

另有涵靜老人駐世時，擔任侍生的黃敏原同奮，於二〇一七年（民106）八月二十七日，由光理首席頒布「專案侍生天命狀」，日後將以專案方式溝通天人訊息。（註十八）

筆者並非天帝教同奮，對「侍生」真相亦難知其全，僅從文獻上研究，他們對於天帝教人間使命的完成，應該有很特別的影響；否則，人間有誰知道上帝與眾神都在關心著中國的和平統一！

資深侍生黃敏原榮獲「專案侍生天命狀」。

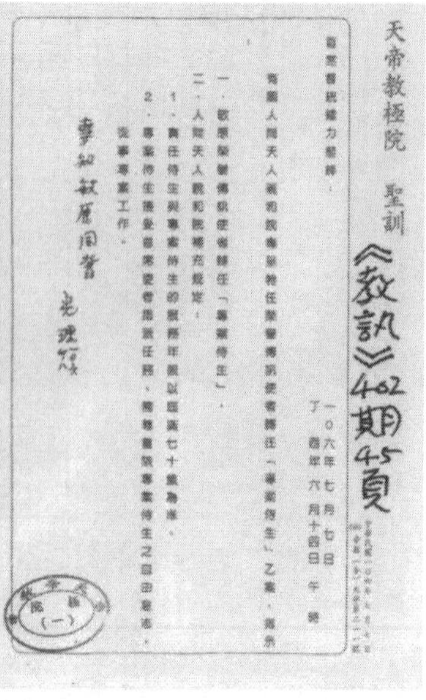
天帝教極院　聖訓
《教訊》402期45頁
一〇六年七月七日
丁酉年六月十四日　午時
二、人間天人親和院補充規定：
1、擔任侍生與專案侍生的服務年限以屆滿七十歲為準。
從事專案工作。
黃敏原同奮

註釋

註一　《天帝教答客問》（台北：教訊雜誌社，民國八十三年十月，修正一版）。

註二　《天帝教答客問》（台北市掌院編印，民國九十六年七月一日）。

註三　《天帝教教綱》（台北：帝教出版社，民國八十年七月修訂版），頁一九一—一九九。

註四　編輯部製作、天人親和院提供、光理首席使者核示、曾正高攝影，〈「天人交通機」專刊〉，《教訊》第四一一期（二〇一八年六月），頁一七—四四。

註五　編輯部，〈行劫救劫在當前　生死與共化劫風〉（三），《教訊》第三七四期（二〇一五年五月），頁九九—一〇三。

註六　同註五。

註七　教史委員會，〈天帝教〈祈禱詞〉第4大願〉，《教訊》第三七六期（二〇一五年七月），頁八七—九三。

註八　天人親和院提供、光理首席使者核示，〈誦誥救劫天心之仁　為己求福背離精義〉，《教訊》第四一〇期（二〇一八年五月），頁一〇二—一一〇。

註九　天人親和院提供，〈宗教衝突多元對立　展望新年居安思危〉，《教訊》第三七一、三七二合刊（二〇一五年二、三月），頁一五—四〇。

註十　參教院，〈乙未年中元龍華秋祭法會系列聖論〉，《教訊》第三七九期（二〇一五年十月），頁四五。

註十一　天人親和院，光理首席使者核示，〈丙申年巡天節聖訓昭示寰宇奮鬥目標〉，《教訊》第三九五、三九六合刊（二〇一七年二、三月），頁六九。

註十二　同註十一，頁六三。

註十三　〈化延核武危機相關天語〉，《教訊》第四〇二期（二〇一七年九月），頁二二。

註十四　〈武統台灣正反各有立論〉，《教訊》第四〇九期（二〇一八年四月），頁二五—二八。

註十五　陳福成，《找尋理想國—中國式民主政治研究要綱》（台北：文史哲出版社，二〇一一年二月）。

註十六　《教訊》四〇二期，頁七—一八。

註十七 同註十六，頁一三—一四。

註十八 天人親和院提供、編輯部整理、陳大進攝影，〈資深侍生黃敏原榮獲「專案侍生天命狀」〉，《教訊》第四〇二期，頁四四—四六。

第三章　中山眞人、中正眞人和他們的天命

中山真人，乃創建中華民國的　國父孫中山先生，對我這五十年中國國民黨忠貞黨員而言，他也是我心中「永遠的總理」；他也是中華民族之民族英雄，是他喚醒了中國民族主義，挽救中國之危亡。但他有信心、有遠見，他說「廿一世紀是中國人的世紀」，這個「中國夢」即將實現。孫中山先生現在的職位，是天帝教天極行宮玉靈殿殿主，　上帝封為「中山真人」，以無形領導現在的中國人「反獨促統」，完成他尚未完成的天命—中國統一，儘早實現「中國夢」。

中正真人，乃領導中國人打敗倭奴入侵的蔣中正先生，對我這擁有國民黨五十年黨齡的黨員而言，他也是我心中「永遠的總裁」；再者，筆者出身黃埔（44期），他更是我心中「永遠的老校長」，未來在中國歷史上的評價也會很高。老校長現在的職位是天帝教天極行宮玉靈殿副殿主，　上帝封為「中正真

人」，協助殿主中山真人，完成他們尚未完成的天命。

這兩位對中華民族有極大貢獻的偉人，目前在台灣被一群邪惡的台獨份子抹黑、醜化，搞「去蔣化、去孫化」，不擇手段要把兩位偉人打倒。統派的人自命是孫、蔣二人的子弟兵，也無力反擊，任其被抹黑，可悲！我這支「史官之筆」不能不直說。天帝教涵靜老人以大無畏之精神，請二位人間偉人來加持第二使命，歷任首席使者和同奮，亦無畏外界異樣眼光，敢於讓中山、中正真人發揮戰力，為什麼天帝教同奮有這種大無畏精神？？

壹、關於一些質疑的解釋

在天帝教較早的一本《天帝教答客問》小冊，對外界一些質疑有所解釋。（註一）小冊的第44問：「貴教天極行宮之大同堂，為何懸掛巨幅之　國父及先總統蔣公畫像？此乃宗教聖地而非一般政府機關單位，這種現象誠絕無僅有，何故？」

別說社會上一般人有疑惑，就是筆者已讀了天帝教很多文獻資料，心中也還有很多疑問，很多我未知且極為神秘的事，非天帝教同奮難知其詳。本章也僅能依答客問所示，略為一說。

孫、蔣二公在天已修煉成神，當天帝教天極行宮建成啟用，倆位偉人即被天帝封為中山真人、中正真人，並遴派為天極行宮玉靈殿正副殿主。因天帝教不設神位及神像，遂將二公畫像掛在大同堂。大同堂是天帝教精神訓練之所，能朝夕瞻仰二公，必常感精神同在，也給同奮強化奮鬥之志氣。

當年，師尊懇祈教主　上帝旨派中山真人、中正真人鎮駐天極行宮「玉靈殿」，擔任殿主、副殿主並賦予三大特定任務。《教訊》406期，62頁.

答客問之第四十五問：「就貴教所見，上帝何以敕封　孫蔣二公為中山真人、中正真人，並繼派為玉靈殿正副殿主？」

孫、蔣二公，皆係救國大業未竟全程，賚志而崩，其在天之靈定必耿耿於衷，冀圖克遂夙願。尤其當今世界問題嚴重，且世界問題重心在亞洲，亞洲問題重心在中國，中國問題不得解決，世界即無太平，而解決中國問題，必須實行三民主義。二公者，一是三民主義創始者，一是實行者，此情諒邀　上帝洞察，故先使之修煉成神，封為真人，然後委之正副殿主，長期駐節，俯瞰大陸，遙控神州，統率靈界革命先烈，忠勇將士英靈，長期執行三項特定任務（後述），最終完成三民主義統一中國。

答客問第五十二問：「貴教教義之中心思想，似乎出自我國儒家，而貴教教義之哲學基礎，亦與三民主義精神相應，何故？」

儒家思想為我中華文化主流，中華文化就是　上帝的真道，而三民主義是中華文化之結晶。是故本教教義之中心思想及哲學基礎，自必與儒家思想與三民主義密不可分。整個天帝教的內涵，可謂就是中華文化的濃縮，每一期《教訊》幾可當《中華文化基本教材》閱讀。

天極行宮與龍王、龍神道緣匪淺，值此天極行宮落成啟用30週年之際，將重新修塑玉靈泉旁的群龍之區，改以「玉靈泉園區」，讓龍王、龍神躍登於世，除一本初衷參與救劫外，更能樂利民生。《教訊》376期，8頁

貳、天極行宮玉靈殿中山、中正眞人及其三大特定任務

天帝教的天極行宮位於台中清水，一個面向大陸的戰略要地上、屬於人曹道場。天極行宮之用途和代表意義，是為提供　上帝於巡天節巡視本太陽系時，臨空駐蹕之行轅，因此有形人間之天極行宮用地，亦必須配合無形之銜接，直接遙控神州大陸之精神堡壘。（註二）或許可以這麼形容，上帝也在為中國之統一的各項工作「因職找人」，找適當的人才來擔任「玉靈殿」正副殿主。

人間一九八四年（歲次甲子、民國73年）三月，上元龍華法會時，教主　上帝遴選恭贊中華文化和國家民族救星的中山真人和中正真人，擔綱「玉靈殿」的殿主和副殿主，執行

《教訊》376期 12頁

民國79年（西元1990年）12月23日，天帝教復興10週年時，於天極行宮主辦「第一屆宗教大同頒獎典禮」，由師尊老人家親自主持。

教主　上帝交付的天極行宮玉靈殿三大特定任務：

第一、結合無形、有形力量，強固台灣寶島復興基地。

第二、策動大陸人心歸向，導發反共革命。

第三、迫使中共褫魂奪魄，放棄共產主義，接受以三民主義統一中國。

光照首席在天極行宮「玉靈殿」期期傳授正宗靜坐班學員，正確的靜坐方法。

《教訊》376期，8頁

在天極行宮天人大同堂光照首席為正宗靜坐班學員授課的情形。

二〇〇六年（歲次丙戌，民國95年）十二月七日，玉靈殿增加一生力軍，奉　御派護國都帥蔣經國先生為玉靈殿總護法，配合正副殿主執行三大特定任務。天人合力，凝聚中國統一的正氣力量。

民國九十七年七月三日，　上帝頒布復漢使者中山真人天爵晉封「御使帝

象監・安冢宰・無上淵明致和大天尊」，同時頒布（中山真人寶誥）。天帝教世尊極初大帝在聖訓中指出一段話：（註三）

天極行宮玉靈殿殿主中山真人，自壬戌年奉　御命承膺重任，即殫精竭慮，戰戰兢兢，奔馳三界，出入無形、有形，策動執行「玉靈殿三大特定任務」……今日再次昭告全教同奮：「台灣的前途在大陸，天帝教的前途也在大陸，兩岸要能夠真正和平統一，大家才有前途。」期望全體同奮認清局勢，貫徹天命，勤誦兩誥，積極發揮正氣力量，廓清妖風魔氛，促使兩岸早日和平統一，允符天意人願。

三大特定任務內涵隨時代變遷有所調整，所謂「三民主義統一中國」，也等同「溫和的社會主義統一中國」，且三民主義也非國民黨專有。早在民國八十二年，天帝教第四期高教師資班，涵靜老人親自授課，有一名叫薛光霸的同奮（後成為天極行宮指導委員會副主委），就很「霸氣」的問：「請問師尊您說要三民主義統一中國憑什麼？」涵靜老人答說：「本教所講的三民主義統一中國，並不是政黨政治上的統一……國民黨如果不爭氣有什麼資格統一中國；

相反的如果共產黨願意放棄一黨專政，實施民主制度，照顧民生生活，那、那、那……就是三民主義統一中國啦。」（註四）溫和的社會主義（中國特色的社會主義）就是三民主義，這在中山真人和涵靜老人，不論駐世或在無形天界都講過多次。

天帝教第二人間使命、玉靈殿三大任務，如今都尚未完成，似乎很不樂觀，現今台灣社會「妖風魔氛」（前述極初大帝聖訓），台獨勢力高漲，天帝教同奮能耐何？　上帝諸神能耐何？（這個問題在十四章總結講）

惟中山真人和中正真人何等人物！怎能坐視台獨份子分裂社會、分裂國家、分裂民族，二公在無形天界很操心啊！所以二公經由「侍生」傳來不少聖訓。後面兩節舉列部份，與大家共勉。

參、中山眞人聖訓

中山真人因為是殿主（主官、主管），所以他的聖訓真言較多。僅在我看到的《教訊》，第三七一和三七二合刊、三七九、三八三和三八四合刊、三九

一、三九五和三九六合刊、四〇三、四〇四、四〇六、四〇七和四〇八合刊等各期都有，其他尚有數百期，相信還有更多。此處只能舉例少許，以示中山真人對中國統一、民族復興之關懷加持。

上帝於玉靈殿召開「保台方案會報」，聖示：時代在變，潮流環境也在變，當前中國大陸的國力，已躍居世界強國，無形保台方案更有存在的必要，天人務必貫徹「確保台灣復興基地，完成兩岸真正和平統一」為不可變之決策。玉靈殿殿主、副殿主、總護法全力配合……逐步完成三大特定任務。（註五）

上帝於玉靈殿召開「保台方案會報」，聖示：玉靈殿三大特定任務之實質內涵，凝聚了兩岸中華兒女的歸屬感與使命感，並經全教同

「三民主義統一中國」標語，目前仍在大膽島矗立。依現今時事來看，這已經不是一個政治口號，而是民生樂利的治國指南；綜觀兩岸人民生活，廣義狹義的三民主義政策與方略，都是最符合管理眾人之事的金鑰。《教訊》403期，94頁.

奮長期奮鬥，以「確保台灣復興基地，完成兩岸真正和平統一」為最終目的……促進兩岸人民在文化、學術、宗教、體育、康樂，各方面多元交流，厚實互信基礎。（註六）

天極行宮玉靈殿三大特定任務，是三期末劫自「行、清、平」三階段以還，猶未了卻的劫務方案之一，是全教同奮共同的使命與責任。當前兩岸關係已呈現官方凍結狀態……共為三大特定任務努力奮鬥，開創蓬萊道風，不負本師期望！（註七）

「文昌祭」活動中，邀請名家書寫廿字墨寶，受到許多小朋友喜愛，爭相索取。

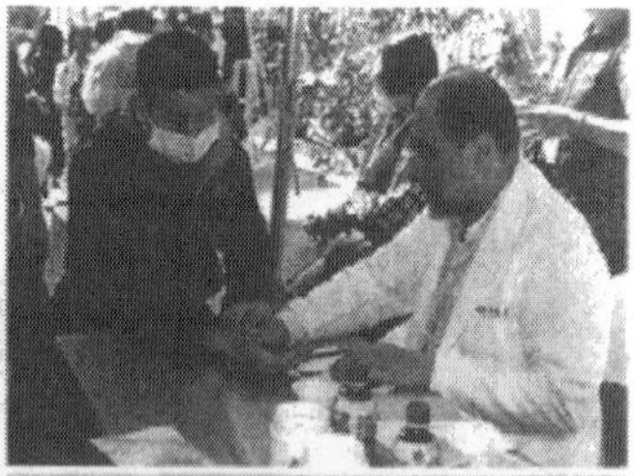

仁心仁術的王秀中醫師，幾乎年年都為參加「文昌祭」的民眾義診，精神可嘉。

《教訊》409期39頁 朗朗背誦陰騭文的學子，了不起！

「天命可畏不可違」，吾與中正真人、護國都帥、台灣境主、列位神媒往來兩岸之間，為復興中華民族而努力，為保台護國方案與確保台灣復興基地的時代使命而奮鬥。

近數年來，大陸地區在中國共產黨總書記習近平主政下，中華文化、三民主義逐漸受到重視；「建國方略」成為大陸經濟建設的藍本，中國大陸由貧窮邁向小康，進一步發展開拓亞歐印之間的一帶一路國際往來，體現中華文化濟弱扶傾的王道思想。（註八）

肆、中正眞人聖訓與「智尊夫人」蔣宋美齡

蔣公中正在世被我等尊為「偉大領袖」，修煉成神後， 上帝晉封「中正真人」，任職玉靈殿副殿主，是否委曲了?想必不會，因為殿主中山真人是他的長官、師長，副殿主不委曲。只是副職通常事少話也少，老校長嚴守分際，想當年在黃埔軍校，二公的合照，蔣公都以弟子之禮站立，而中山先生則高坐大位。

先提一則中正真人的好消息，癸未年（民92）十月二日（陽曆十月二十六日），首任首席使者傳 上帝聖旨：「 上帝於金闕會議中 御示：甫由人間

回歸天界之中國蔣宋美齡女士之靈，為彰顯於人間奮鬥之功德，賜封『智尊夫人』品位，顯證性靈和子乘願下凡救劫救世之式範。」。（註九）聖示亦闡述，智尊夫人乃源自瑤池金母靈系，此際請命應世之旅，為保台護國和平統一，發揮旋轉乾坤的力量，充分展現巾幗丈夫不讓鬚眉之氣魄。

中正真人聖言雖不多，關鍵時刻也發揮應化弘教之救劫救世精神，如丁酉年（民106）核戰危機聖示曰：「參與化延丁酉年世界核戰危機緊急誦誥活動，重中人曹道場之任務，乃以性命雙修為總原則……五教教主有感於人間天命未了，自願參與應元；基督宗教耶氏、伊斯蘭教穆氏奉命，輔教於金闕直轄之天極行宮，迄今二十六載。」（註十）中正真人所述「五教」奉命，指天帝教所述地球上五大宗教同屬一個上帝，都奉　上帝之命，到天極行宮共為化延核戰而努力。

●普請表文

《教訊》379期，38頁

謹維天運乙未年七月廿三日，中華民國一〇四年九月五日吉時，天帝教乙未年中元龍華秋祭法會祭酒陳光悉開導師，受天帝教第三任首席使者童光照之命，偕同全體同奮代表，謹以至虔至誠之儀，頂表叩呈於

無形總主持	一炁宗主	儿座下
無形總主持	慈恩聖母	慈座下
無形副總主持	北極紫微大帝	尊座下
無形副總主持	南屏濟祖	尊座下
無形副總主持	萬法教主	尊座下
無形主持	萬靈兼主	尊座下
無形主持	無極無聖英皇	尊座下
無形主持	金闕特上相文昌帝君	尊座下
無形主持	金闕應元吏部尚書	尊座下
無形主持	金闕應元農部尚書	尊座下
無形主持	日光大帝	尊座下
無形主持	中山真人	尊座下
無形主持	中正真人	尊座下
無形主持	觀世音菩薩	慈座下
無形主持	地藏王菩薩	尊座下
無形主持	道世嗣宗廿字主宰	宗座下
總護法	清涼聖母	慈座下
總護法	瑤池金母	慈座下
總護法	達摩祖師	尊座下

曰：今逢乙未中元之期，奉准啟建乙未年中元龍華秋祭法會，伏乞

無形總主持一炁宗主、慈恩聖母行使法權昭告，分知乙未年中元龍華秋祭法會專案範圍內，自甲午年迄乙未年間，因春劫劫運直接受影響之有形、有情、無形、無情眾性，在秋祭法會期內請由各司職神媒依序集中帶領進入本淨靈待命區，敬領法雨，並通過經壇自省自新，了悟生命究竟；一陽來復，走出幽冥，自覺覺他，離苦得樂；陰超陽薦，天清地寧，齊沐浩蕩　天恩，三曹同光。至誠恭稟，叩禱鑒察。謹表以

聞

●普請同奮先祖、有緣與冤親孽主表文（安靈表文）《教訊》379期,39頁

謹維天運乙未年七月廿三日，中華民國一〇四年九月五日吉時，天帝教乙未年中元龍華秋祭法會祭酒鄭光歪開導師，受天帝教第三任首席使者童光照之命，偕同全體同奮代表，謹以至虔至誠之儀，舉行安靈儀禮，頂表叩呈於

無形總主持	一炁宗主	儿座下
無形總主持	慈恩聖母	慈座下
無形副總主持	北極紫微大帝	尊座下
無形副總主持	南屏濟祖	尊座下
無形副總主持	萬法教主	尊座下
無形主持	萬靈兼主	尊座下
無形主持	無極無聖英皇	尊座下
無形主持	金闕特上相文昌帝君	尊座下
無形主持	金闕應元吏部尚書	尊座下
無形主持	金闕應元農部尚書	尊座下
無形主持	日光大帝	尊座下
無形主持	中山真人	尊座下
無形主持	中正真人	尊座下
無形主持	觀世音菩薩	慈座下
無形主持	地藏王菩薩	尊座下
無形主持	道世嗣宗廿字主宰	宗座下
總護法	清涼聖母	慈座下
總護法	瑤池金母	慈座下
總護法	達摩祖師	尊座下

曰：今逢啟建乙未年中元龍華秋祭法會吉期，伏乞

總主持一炁宗主、慈恩聖母行使法權昭告，分知各司職神媒依序帶領同奮先祖、先靈，累世冤親暨有緣受渡性靈進入本淨靈待命區，敬領法雨，並通過經壇，自省自新，自救自修，了悟生命究竟；自救救人，自覺覺他，一陽來復，走出幽冥，離苦得樂；陰超陽薦，齊沐浩蕩　天恩，三曹同光。至誠恭稟，叩禱

鑒察。謹表以

聞

為化解核戰危機，光理首席動員全教執行「大逆轉」，中正真人加持曰：「世亂時危，『大逆轉』在即，中華民國執政當局卻通過『促進轉型正義條例』為政績，殊不知這是魔道借力使力，鋪陳阻礙『大逆轉』之勢。」（註十一）敬佩我老校長啊！不愧在人間是「偉大領袖」，中國歷史上的民族英雄，他直接將「台獨偽政權」作為，定義成「魔道」，即是人類社會之邪魔，則上帝應帥天人共滅之！

小結：中山思想、天帝教義、中華文化

本章要談的是中山真人、中正真人與他們的天命。他們有未完的天命，簡約而言是天帝教的第二人間使命，是天極行宮玉靈殿的「三大特定任務」。一

光照先生於 106 年 8 月 1 日獲邀至台灣省掌院，以「天人老兵，退而不休」為題，闡述整理昊天心法體系教材的心願。《教訊》402 期，99 頁

言以蔽之曰「中國統一」。

孫中山先生從清末發動國民革命，目標就是「中國統一」，廣泛而言，也可以說追求民族之獨立，復興中華文化，建立富強統一的新中國。用現在中國領導人習近平語言，就是追求並實現「中國夢」。

筆者靜心思索亦發現，這個中國夢不光是中山和中正真人的夢，也是涵靜老人的夢，同時亦是天帝教全體同奮的夢。再廣泛說，是全球所有中國人的夢，中華民族的夢，所有炎黃子孫生生世世的夢。從中山先生至今，一百年了，中國夢即將實現！

打開每一本天帝教《教訊》，儘管談的是天帝教義、各任首席使者言論、專家學者演講、同奮心得申論等。惟其精神、內涵，都不離中華文化，不離中山思想，不離第二人間使命。這樣一個宗教主張，必能得所有中國人之民心，天帝教

《教訊》409 期，29 頁 27 尊龍王、龍神人間代表，列隊。

應該向大陸發展，必能早日促成吾國之統一。

註釋

註一 李極初審訂，《天帝教答客問》（台北：教訊雜誌社、帝教出版社，民國八十三年十月，修正一版）。

註二 本節相關資料可參閱〈光照首席期勉天極行宮落成啟用30週年賀詞〉，《教訊》第三七六期（二〇一五年七月），頁六一八與〈行宮三十〉各文。

註三 同註二，頁七。

註四 薛光霸（天極行宮指導委員會副主委），〈民眾生活安全社會安定 中國一統無關政黨政治〉，《教訊》第四〇六期（二〇一八年一月），頁六一—六二。

註五 天人親和院，〈甲午年巡天節聖訓〉，《教訊》第三七一、三七二合刊（二〇一五年二、三月），頁二五。

註六 參教院，〈乙未年巡天節聖訓〉，《教訊》第三八三、三八四合刊（二〇一六年二、三月），頁二八。

註七 參教院，〈系列天人親和金玉道言〉，《教訊》第三九一期（二〇一六年十月），頁一〇五。

註八　天人親和院，〈應元仙佛啟示〉，《教訊》第四〇四期（二〇一七年十一月），頁五二。

註九　教史委員會、編輯部，〈保台護國天諭啟示之三〉，《教訊》第三九七期（二〇一七年四月），頁三九。

註十　〈第三階段「化延核武危機」相關天語〉，《教訊》第四〇三期（二〇一七年十月），頁二三。

註十一　〈「大逆轉」相關聖訓〉，《教訊》第四〇六期（二〇一八年一月），頁三一。

第四章 法會，集體凝聚和平統一的氣勢力量

天帝教的法會有很多功能，除了是個人修持、功德以外，舉凡第一、二人間使命，玉靈殿「三大特定任務」，四季各種祭典，乃至對人天三界都有無尚功德。惟本章僅抽取法會中凝聚兩岸和平統一氣勢，所可能產生的影響力，略為初探！這是要先加以說明的。

何謂「法會」？筆者所理解，法會乃「中國式宗教」（中國佛教、道教、中國式民間信仰）專用名詞。西方基督、天主、伊斯蘭等不叫法會。法會者，乃「以法為會」，這「法」又是什麼？世間一切現象面都可以叫「法」，如《金剛經》曰：「一切有為法，如夢幻泡影」，就是世間一切都如夢幻般，瞬間就不見了！

促成中國之和平統一是天帝教最重要的人間使命，幾乎所有由天帝教舉行

的法會，都會涉及中華文化、民族復興和中國統一議題。而和平統一可以說是所有議題的核心，本章僅選三種法會，檢視這三種法會中，如何動員人天力量集體凝聚和平統一氣勢！

壹、春季法會凝聚「和平統一」氣勢

在《教訊》三七三期，由編輯部出示的〈法會攸關救劫天命　奮發造福芸生凝祥〉一文，談到舉行春季法會的緣由、意義、功能和宗旨等，「春季法會的宗旨，即是執行保台護國方案之任務。」（註一）天帝教為搶救三期毀滅浩劫與中國統一而重來人間，完成兩岸真正和平統一之神聖使命，與天帝教救劫天命有著息息相關的連接關係。

與春季法會，全名「護國迎祥禳災解厄

約1400名同奮參與春季法會，有千人持誦「皇皓」與經典，正氣念力，磅礡無限。《教訊》375期，9頁

圖 1-3 / 光理首席於春季法法會舉辦前一天（4 月 27 日），前赴屏東初院「玉威殿」特地與無形司職神媒親和，並為春季法會相關物品與幡旗加光。

圖 4 / 光理首席與辛勞的籌備同奮們大合照。**《教訊》410 期，70 頁**

法會」。民國八十三年，第一次秋祭法會結束後，當年代理首席的維生先生，有意將春季、秋祭法會一併舉行。但南屏濟祖聖示「實乃不宜。」其原因是：（註二）

> 當初金闕應元禮部尚書之原意，「財團法人天帝教丙子年護國迎祥暨解厄禳災大會」於春季舉行，乃是以國為主，以台灣復興基地為據點，祈求化除台灣今年所面臨之天然災害以及兩岸動武之敵對情勢，以力保國泰民安，而秋祭法會除了針對中華民族祖先外，並不限國、地緣，只要是有緣魂魄皆能得渡，此中意義大有區別，不可混為一談。

因此，往後每年之春季、秋祭法會分開舉行。

民國九十年三月，因應「春劫啟運」，極院上呈

《教訊》410期，67頁

大祭酒何光傑樞機主儀，上香、獻花、加光表文後，會同千餘名參與同奮一起持誦〈皇誥〉，聲勢壯闊不已。

「天帝教新世紀保台祈安超薦解厄迎福徵祥法會」一案，經金闕會議核定，更名為「天帝教辛巳年護國祈安超薦迎福春季法會」。從這年開始，春季法會成為 上帝教化的普化途徑。

春季法會的宗旨，即是執行保台護國方案之任務。天帝教全體同奮，經由祈禱、誦經、誦誥的正氣力量，儘早完成兩岸和平統一。春季法會歷來由先天斗姥大聖元君擔任總主持，斗姥大聖元君能「移星換斗」，副總主持北極紫微大帝能以「紫微星祈」九轉法輪；故能護國保台，啟注天界祥和之光能，使天帝教能自然完成人間使命。

春季法會另一功能是普濟幽冥，多由總主持一炁宗主（地曹主宰）為首，加上天安太和道場諸殿主、副殿主等諸仙佛，結合無形有形、無情有情，安排求超，濟幽渡冥。總的來說，春季法會的宗旨是祝福和禱告，希望從新春開始，感召祥和，壯大天人正氣，因應人間天帝教的時代使命，能儘早達成。

丙申年（二〇一六、民105）春季法會，於四月三十日在台南「南瀛堂」舉行，其〈護國迎祥表文〉，「祈護祐台灣復興基地，政治和諧，經濟繁榮，內部安定，兩岸和平互動……」（註三）但極初大帝在天語聖訓中說了重話：

（註四）

台灣民進黨新政府即將上台，雖主張維持台海現狀，但民共兩黨間缺乏互信，在「九二共識」、「一中原則」上歧見日深，兩岸和平現狀飽受考驗。由國際而國內，一切局勢隱顯之間，皆衝擊本教二大時代使命，非同小可。本席呼籲全教同奮……

極初大帝在天給同奮之呼籲，自然是一種加持和鼓舞的力量，天帝教同奮益加在各種法會中凝聚第二時代使命之氣勢，每年春季法會都盛況空前。丁酉年（二〇一七、民106）春季法會，由北部教區主辦，桃園初院承辦，在桃園農工高級中學舉行。過程中，同奮一心祈禱，向　上帝保證「教主！我願奮鬥！」因為大家體認到「台灣如果不保，大家的努力，將化為烏有。」（註五）而極初大帝、先天斗姥大聖元君、一炁宗主、無始古佛、紫微大帝、慈恩聖母、首席督統鐳力前鋒等諸神，亦針對天帝教的人間使命傳示聖訓，助長「勢」的壯大，形成中國統一的有利態勢。

戊戌年（二〇一八、民107）春季法會，四月二十八日在屏東縣立體育館舉行，千餘名同奮以至誠至真的心，凝聚龐大的正氣力量，向　上帝和眾神祈求化解人間劫難，加持同奮完成人間使命。極初大帝等諸聖神，也頒佈聖言鼓舞同奮的奮鬥精神。（註六）

中華民國主院新任副主教～黃光治（天極行宮管委會前主委），畢恭畢敬地在天極行宮「玉靈殿」上香祝禱，期盼登高一呼，號召全教同奮，有空前來天極行宮，特別於「玉靈殿」加誦一場《寶誥》，裨益匯集凜然正氣，早日完成天極行宮3大特定任務。

10月10日雙十節當天，他更以身作則，率先領導同奮恭誦《寶誥》。

《教訊》380期，17頁.

貳、秋祭法會凝聚「和平統一」氣勢

上帝之所以命涵靜老人在台灣復興天帝教，實際上就是創教，宗旨都在人間兩大時代任務要完成，化解核戰浩劫和促成中國統一。所以，天帝教的各種法會必然是以兩大時代任務為核心功能，再擴散到其他功能。庚寅年（二〇一〇、民99）七月四日，首席張承天智忠玄君傳示：（註七）

天帝教啟建中元龍華「秋祭法會」，在於鼓勵同奮追思先祖，善盡孝思，擴而充之，以感恩、知足、惜福之心，善行陰超陽薦，安定人心，祥和社會，促進兩岸早日真正和平統一，完成本教時代使命。因此每年「秋祭法會」是同奮們都應踴躍參與的盛事。

天帝教丙申年中元龍華「秋祭法會」時程《教訊》

民國105年8月27日（農曆丙申年7月25日）388期，44頁

時間	項目	內容	祭酒
09:00~09:30	灑淨		光垂開導師
10:00~10:20	安靈	昇表文	光惑開導師
10:40~11:20	迎神、啓建經壇	昇表文、升幡、臨時聖幕開光	光理樞機使者
11:20~12:04	第一場祈安薦福經壇	《廿字真經》、《奮鬥真經》、《一炁宗主人道經》各一本	光鷟開導師
12:12~12:50	第二場祈安薦福經壇	《奮鬥真經》、《廿字真經》、《一炁宗主清涼經》各一本	光憺開導師
12:55~13:35	第三場祈安薦福經壇	《奮鬥真經》、《廿字真經》、《淨元如來明心經》各一本	緒薦開導師
13:40~14:20	第四場祈安薦福經壇	《奮鬥真經》、《廿字真經》、《一炁宗主人道經》各一本	緒是開導師
14:25~15:15	第五場祈安薦福經壇	《奮鬥真經》一本、《天人親和北斗徵祥真經》一本	敏膺開導師
15:20~16:25	第六場祈安薦福經壇	《奮鬥真經》一本、《天人親和北斗徵祥真經》一本，恭卸臨時聖幕	緒堅開導師
16:30-17:30	首長與地方人士祈福	光霸主委、神/教職陪同祈福	
18:20~20:08	祭祀超薦儀禮	昇表文、《廿字真經》、《奮鬥真經》各一本，昇消災祈福禱告文	光照首席使者 光魯樞機使者 光空樞機使者
20:13~20:30	送神	昇表文、降幡	光理樞機使者

天帝教的「秋祭法會」和一般中元普渡不同，普渡作用在祈安、施食和渡各界幽魂；而秋祭法會，真正意義在「救靈化劫」，其「劫」何在？即核戰毀滅和兩岸分裂，此劫必須化除，使人間無核武和兩岸完成統一。

要化解這兩個「劫」，天帝教不用軍事和政治力。他們用「神力」，以集體誦經的念力、願力，供給無形眾主持「轉化」，同時使超薦的對象，經親情的親和，以及無私的法施，讓亡靈放下、覺悟，終致循法調整與了緣。歸結來說，天帝教的秋祭法會有二層深意，一者親和有緣、無緣回歸的祖靈或亡靈，二者在自己和「無形眾主持」共同親和奮鬥。最後的宗旨，仍在化「劫」，完成天帝教的人間天命。

天帝教從民國八十三年八月首次舉辦秋祭法會，到二〇一七年是第二十四次，九月十六日以全新雲端科技作業，參加人數高達三千多人，竟有二千五百人奉獻，奉獻金額高達近二百七十萬元，可見天帝教同奮向心力和布施精神極高。這也表示帝教同奮對他們時代使命是有認識的，也有先天的願力，誠如這次法會，中山真人傳示聖言的一段話：（註八）

回顧中華文化的歷史軌跡，歷來的分分合合莫非天意耶！而今先有天帝教復興於台灣寶島，同奮也都有先天願力，誓願追隨極初大帝而轉世紅塵，有幸回歸帝門，以畢生之力力行奮鬥，一以貫之，即可了卻先天為搶救三期末劫的心願，又可圓循原路回家，回歸帝鄉的奮鬥目標，達成「三民主義統一中國」、「行宙宙真道重光地球」，天與人歸！天與人歸！

諸多天界眾神在這次法會也傳示真言，如首席督統鐳力前鋒曰：「天帝教二大時代使命是全教同奮的共同天命與責任，天帝教與眾生息息相關；全教同奮與天下蒼生密不可分……」。（註九）從每一期的《教訊》圖片和文章，就大致可以知道天帝教同奮每年有那些活動或法會，像筆者一個外人，也能感受至真至誠的氣氛，同奮們對中國和平統一大業，不光是全教的時代使命，也是同奮個人一生中最重要的人生使命！上帝與眾神的加持努力，必然是有個順天應人的「善果」—中國完成了和平統一，中華民族得以復興並為世界和平盡力！

戊戌年（二〇一八、民107）秋祭法會，於九月一日在台中清水舉行，同樣是盛況空前，一年比一年盛大。參與法會的祭酒、禘祫司、工作同奮，都在法會前齋戒沐浴七天，一般同奮和親友必須當日心齋茹素，可見天帝教同奮至真至誠的精神，已達到接近「絕對」的境界。

這次法會的無形總主持是一炁宗主和慈恩聖母，副總主持有北極紫微大帝、南屏濟祖和萬法教主。其他主持者尚有文昌帝君、中山真人、中正真人、觀世音菩薩、地藏王菩薩等。（註十）筆者為一佛教徒，觀世音菩薩和地藏王菩薩亦我所信仰，眾所周知，佛教也在努力兩岸統一，諸神法力無邊，中國不統一也難了！只看時機！

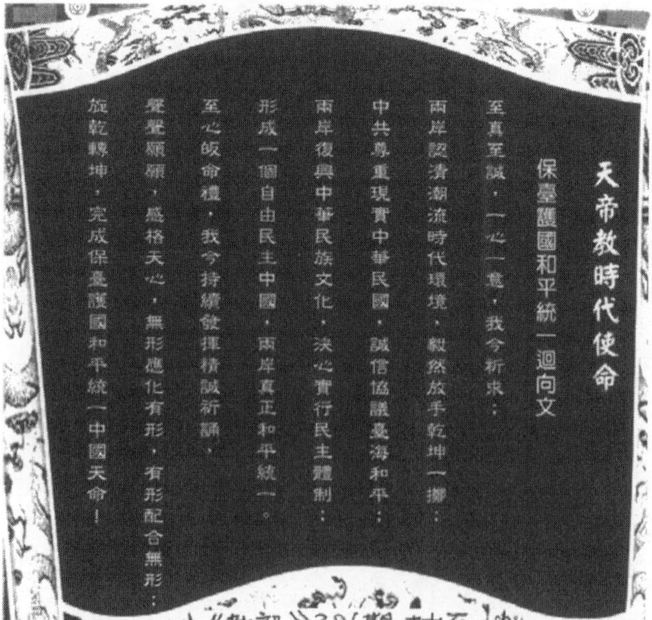
天帝教時代使命
保臺護國和平統一迴向文
至真至誠，一心一意，我今祈求：
兩岸認清潮流時代環境，毅然放手乾坤一擲；
中共尊重現實中華民國，誠信協議臺海和平；
兩岸復興中華民族文化，決心實行民主體制；
形成一個自由民主中國，兩岸真正和平統一。
至心皈命禮，我今持續發揮精誠祈禱，
聲聲願願，感格天心，無形感化有形，有形配合無形；
旋乾轉坤，完成保臺護國和平統一中國天命！
《教訊》381期，封面

參、保台護國和平統一法會

天帝教即有兩個人間時代使命，其第二時代使命（中國統一）則是重中之重，使命中之核心使命，若非為此一使命，幾可確定　上帝不會命涵靜老人在地球復興天帝教。所以，天帝教所有各種法會，必以這二大時代使命為同奮活動之主題，為這人間使命的執行和完成，創造有利態勢，乃是極為正常的。

但第二時代使命重要性實在太大了，「中國和平統一」並非只是兩岸問題，涉及亞洲穩定、世界和平，兩岸不安，整個地球都不安。為此，天帝教經由天人關係的運作，特別啟建「兩岸和平統一法會」，

圖 1 / 苗栗初院更換「初院」聖匾。圖 2 /雲林初院更換「初院」聖匾。圖 3、4 /.5 彰化初院更換「初院」聖匾。**《教訊》406 期，59 頁**

這個法會是天帝教各種法會中，最單純、最專一、最專業的法會。其迴向文，名曰：「保臺護國和平統一迴向文」。如附印。

「保臺護國和平統一法會」，至今大約經四階段。從民國七十七年開啟第一、二期法會，民國七十八年擴大並延長達十八個月的第三期，並經過兩次各十二個月的延長。自民國八十一年七月一日開始，進行「長期祈禱保臺護國和平統一法會」。可以預期，在中國尚未完成統一之前，這個法會不會停止，因為　上帝眾神絕不會善罷干休！

第一期「保臺護國和平統一」法會，從民國七十七年一月十四日開始，當時的「保臺護國和平統一迴向文」，乃是配合當時兩岸政局。當然，最初始的動力，則是涵靜老人的第三天命：「為復興先天天帝教，化延世界核戰毀滅浩劫，拯救天下蒼生暨實現以三民主義統一中國而奮鬥。」兩岸和平統一與天下蒼生息息相關。涵靜老人的天命就是天帝教的天命，體現在最早的「迴向文」中：（註十一）

中共認清潮流時代環境，毅然放手乾坤一擲；

中共承認現實中華民國，宣佈對臺不用武力；

中共放棄共黨一黨專政，決心接受三民主義；
形成一個中國一個主義，兩岸眞正和平統一。

假如不看其他背景資料，大家一定以為這是國民黨的「兩岸政策宣言」。很神奇的，也不可思議的！這是一個宗教性祈禱文—迴向文。當時空環境有了改變，迴向文亦有調整，顯示天帝教是走在時代潮流前端的「天人勢力」：

兩岸認清潮流時代環境，毅然放手乾坤一擲；
中共承認現實中華民國，誠信協議臺海和平；
兩岸復興中華民族文化，決心實行民主體制；
形成一個自由民主中國，兩岸眞正和平統一。

調整後的迴向文，顯得較有彈性，能夠包容極廣泛內容。之後到二〇一七

《教訊》380 期，16 頁

國恩家慶，壯大「保台護國」中華民國主院（104 年）雙十節起，在天極行宮「玉靈殿」啟建加強誦誥行動。

年（民 106）十二月二十一日，天帝教復興節（37 週年），極初大帝和首席正法文略導師聖示，啟用新修訂本，以符合兩岸情勢需要，部分修改迴向文如下：（註十二）

（一）「中共尊重現實中華民國，誠信協議臺海和平」改成「**兩岸承認現實中華民國**，誠信協議臺海和平」。

（二）「兩岸復興中華民族文化，決心實行民主體制」改成「兩岸復興中華民族文化，**同心接受三民主義**」。

（三）「形成一個自由民主中國，兩岸真正和平統一」改成「**形成一個主義一個中國**，兩岸真正和平統一」。

和平統一迴向文，一再調整，也表示潮流變化太快了。再者，從世俗眼光看，迴向文內容都是政治議題，就連天帝教自己同奮定也有質疑者。天帝教「高層」也一定知道問題所在，必須堅定同奮的信仰信心。所以，從《教訊》第三九一期開始，有「保臺護國專刊」，題名：〈為什麼您要自外於「保臺護國」使命？〉。（註十三）往後各期都有，長篇連載，從各角度、各時空背景論述之。題目用「問號」，問您為什麼要自外於……這是嚴肅的「反質疑」，有如禪宗一個大大的「捧喝」！重重的夯在質疑者的腦門上，讓你不得不頓悟啊！就是不頓悟，也會造成「漸悟」。

小結

「保臺護國和平統一法會」，天帝教同奮經這麼多年努力，誦經誦誥，迴向文也不知誦了幾萬回，成果如何呢？（十四章總結談）二〇一八年春之際，首席正法文略導師傳示聖言曰：「今觀台灣民意，開始正視大陸崛起的事實；重視大陸實行中國特色社會主義，也就是三民主義的優勢……同奮深思本教『保臺護國』促進兩岸早日真正和平的目的，奮起而行！」（註十四）這段真言已將「中國特色社會主義」和「三民主義」，二者拉上等號，也就是大陸目前正在實行三民主義。

與會學者於開幕式後大合照。

本章討論天帝教的三種法會對和平統一氣勢的凝聚，筆者以為這種天人所形成的力量，對台灣社會的影響會越來越大，必有利於促成統一。天帝教同奮們，功德無量！

註釋

註一　編輯部，〈法會攸關救劫天命　奮發造福芸生凝祥〉，《教訊》第三七三期（二〇一五年四月），頁六－九。

註二　同註一，頁七。

註三　道務院、編輯部，〈高度熱準將士用命圓成春季法會〉，《教訊》（第三八六期，二〇一六年五月），頁七－一五。

註四　王香本，〈雷霆萬鈞澄清劫運、和融炁氣瑞照台島〉（春季法會迴響篇），《教訊》第三八七期（二〇一六年六月），頁一〇四。

註五　陳奮吾採訪，〈正氣充盈護迎祥、樞轉吉凶天心人願〉，《教訊》第三九八期（二〇一七年五月），頁二五－二九。

註六　林敏跳採訪，〈至真至誠正氣匯集、心心念念迎祥禳災〉，《教訊》第四一〇期（二〇一八年五月），頁六七－七七。

註七　道務院，〈踴躍參與秋祭追思、普濟幽冥陰安陽泰〉，《教訊》第三七七期（二〇一五年八月），頁六二—六五。

註八　天人親和院提供、光理首席使者核示，〈應元仙佛啟示〉，《教訊》第四〇三期（二〇一七年十月），頁七九。

註九　同註八，頁七八—七九。

註十　〈戊戌年中元龍華秋祭法會無形組織〉，《教訊》第四一二期（二〇一八年七月），頁六二。

註十一　教史委員會、編輯部，〈師尊真精神—兼論〈保臺護國和平統一迴向文〉與當前局勢分析〉，《教訊》第三九一期（二〇一六年十月），頁四九—五五。

註十二　〈「祈禱詞」與「保臺護國和平統一迴向文」修訂版〉，《教訊》第四〇六期（二〇一八年一月），頁六三。

註十三　《教訊》第三九一期，頁四八—五六。

註十四　〈兩岸和統荊棘滿布、理性協商新局可期〉，《教訊》第四〇七、四〇八合刊期（二〇一八年二、三月），頁四四—四七。

第五章　歷任首席使者對「中國和平統一」任務移交

筆者初步研究世界各宗教，天主教、基督教、印度教、佛教、伊斯蘭、回教（中國）、東正教……世上教派何其多！未發現有那一個宗教有所謂「時代使命」或「時代任務」。天帝教是我唯一知道有「二大時代使命」的宗教，這兩大時代使命是全教同奮今生今世的重大任務，是同奮的人生大業。與世上所有宗教最大的不同，天帝教同奮用功的終極目標，是二大時代使命任務要完成，而不在為己求財、求好運、求功德等，更不求來生投胎個好人家！神奇啊！不可思議的宗教！禮贊天帝教！

筆者也研究中國歷史上所有出現過的宗教信仰，深入考察中國五千年來曾經被人民崇拜的神，也沒有發現有那一個教派或諸神有所謂「時代使命」或「時代任務」。（註一）天帝教是我發現，中國歷史至今，唯一有「時代使命」的宗教，為挽救時代劫難而誕生的宗教，在世界宗教史上也是唯一。不可思議！禮贊天帝教！

但任何組織（含宗教），有了時代使命就有必須完成的「任務」，就會出現「任務交接」的問題，交接不好，使命「中斷」是必然會發生的大問題。最明顯的，就如國民黨，統一中國本是國民黨的時代使命，是必須完成的時代任務。但經過幾任領導人後，國民黨現在連「統一」二字說也說不出口！甚至本身已面臨「生存危機」，這還是國民黨嗎？

世界上所有宗教並沒有「時代使命或任務」要交接，由一代領導者傳承到下一任領導者，不存在「使命中斷」的問題。天主、基督、佛教、印度教等都沒有，就是吸收最多教徒，宗教上的功德不是今生就是來世，至今核戰會不會爆發？兩岸會不會統一？通常被視為政治面問題，宗教不會涉入，且離得越遠越好！

筆者身為佛教徒，且正式皈依在星雲大師座下，我知道師父他老人家也在積極為兩岸統一而努力。只是，佛光山的作法是很「含蓄」的 不如天帝教「明目張膽」！

天帝教則逆向操作，把世界政治面的兩大問題，直接納為本教的「兩大時代使命」，企圖以宗教辦法解決地球上「兩大政治問題」，這是「百年大業」，須要幾代人才能完勝解決。過程中會出現「使命傳承」和「任務移交」問題，做得不好的話，幾十年後，天帝教同奮還有誰知道「兩大時代使命」？

筆者對天帝教雖談不上多深研究，但閱讀許多《教訊》後，發現天帝教的領導階層很重視「使命傳承」，尤其把「中國統一」當成任務移交，第二時代使命（任務）便不致中斷，同奮為第二時代使命奮鬥的精神，不因時間而減弱。筆者好奇的注意到，以維生首席使者的告別式和首席交接過程，觀察他們對「中國和平統一」任務之移交傳承情形。

壹、以「兩岸和平統一法會」之名辦追思會

把告別追思會和中國統一做連接，舉辦「追思大典暨兩岸和平統一法會」，就實在是古今中外聞所未聞之事，然而天帝教從首任首席使者涵靜老人的告別

追思，就連接到「和平統一」之名舉行。

民國八十三年十二月二十六日，無始古佛傳布「天帝詔命」，特詔涵靜老人返回金闕繳覆天命（民俗的往生）。次年元月二十二日，天帝教在天極行宮舉行「追思大典暨祈禱兩岸和平統一法會」。（註二）這樣的安排，最重大的意義是向同奮提醒本教的「第二時代使命」－中國和平統一任務尚未完成，同奮尚須努力。本文以維生首席使者的追思會過程，觀察並理解「第二時代使命」傳承情形。

《教訊》三八三、三八四期合刊本，〈紀念維生先生專欄〉，有〈天帝教赴告　第二任首席使者維生先生證道〉公告，天帝教第二任首席使者維生李子弌先生，於二○一六年二月十八日下午六時，在台北安祥證道，耆壽九十一歲。李氏耕樂堂家族遵照先生遺囑，於二月二十三日家奠後火化，二十六日在淡水海葬，完成先生保臺護國，守護兩岸和平的宏願！天帝教謹訂於…三月二十六

天帝教國內外教區
恭置「第二任維生首席使者感恩追思法堂」

先生李子弌　先生感恩追思法堂

為讓全教追思維生先生李子弌教授，天帝教極院在國、內外教區～臺灣、美國與日本等地的掌院大同堂，特於105年2月22日至29日，恭置「第二任維生首席使者感恩追思法堂」，提供當地同奮，以及教外友人憑弔。

恭置地點，分別在臺北市掌院、臺灣省掌院、高雄市掌院、花蓮港掌院、洛杉磯掌院與東京都掌院。

《教訊》383、384期52頁

李光光開導師（中）敬呈先考部分天靈聖骸，謹交天安太和道場虔誠奉安。

圖1/天安太和道場在主任委員林光鳴樞機使者（左3）率領下，管理團隊全員護持維生先生部分天靈聖骸，駕返天安太和道場同濟殿安座。

圖2/天安太和道場主委林光鳴樞機使者（戴眼鏡者）帶領該道場神職人員們，至真至誠的恭奉維生先生部分天靈聖骸。

圖3/維生先生天靈聖骸與位居無形的同奮們，在天安繼續修煉，永執三奮。

日上午十時，在台中市清水區天極行宮舉辦飾終大典暨祈禱兩岸和平法會。（註三）筆者觀察世間諸事，通常是身負「天命」的政治領袖，才會在他們遺囑（告別、追思）中，交待國家發展方向，傳示國家未來必須完成的大業。如孫中山、蔣公中正、蔣經國先生等，期許國人「革命尚未成功、同志仍須努力」，也是使命的傳承！

天帝教是有「時代使命」的宗教，當然必須考量並強化他們的傳承，才不會發生「使命中斷」的問題；領導人的告別、追思，必然受到全教同奮重視，這是一個最佳「機會教育」的場合，同奮間情感交流豐富，正是將第二人間使命「內化」成同奮堅定信仰的時刻。二月二十六日海葬時，陸光中樞機使者誦〈海葬慰靈偈〉：

恭送維生先生乘風破浪、兩岸和平、赫赫靈骸、中國統一。

青山無緣埋靈骸　大海有心存眞身

乘風破浪融兩岸　赫赫英靈護海疆

感動啊！連我這與天帝教無關的外人，即未親臨現場，只不過看了幾期《教訊》，就深受感動！臨到海葬仍不忘「中國統一」，他的同奮們必然就是終身不忘，大家以堅定的信心去完成自己的天命。

李行90大壽　眾星獻唱致敬

人間福報 2018.8.23. 6版.

【記者曹麗蕙台北報導】是誰能讓楊貴媚、殷正洋、鍾鎮濤等港台影歌星一齊登台獻唱？答案是擁有「台灣電影教父」之譽的李行。明年是李行九十大壽，台北市立國樂團先於九月舉辦「行影如歌——李行導演電影音樂會」，演出〈小城故事〉、〈今天不回家〉、〈海鷗飛處〉等二十多電影主題曲，向他致敬。同時音樂會中還會搭配電影片段，帶領觀眾一同回味一九六〇至八〇年代的美好時光。

昨天八十九歲的李行與楊貴媚、小百合、殷正洋、吳秀珠、劉明珠等影歌星都出席記者會，大家還一同高歌〈小城故事〉歌曲。李行昨也回憶楊貴媚十七歲時與秦漢共同演出他所執導的〈又見春天〉時的花絮，並感謝歌手們共同「獻聲」音樂會。

李行從影時間長達七十年，執導過五十二部膾炙人口的電影，其中〈汪洋中的一條船〉、〈小城故事〉、〈早安台北〉三部影片，從一九七八年起連續三年獲得金馬獎最佳劇情片獎，創下台灣影史至今無人能破的紀錄。國家電影中心今年也斥資拍攝李行的紀錄片，做為他明年九十大壽的賀禮。音樂會九月二十九至三十日於台北國際會議中心大會堂演出。

維生先生的家祭結束後，《中國時報》專訪李行導演維光樞機使者（註：

就是電影大導演李行、維生先生的弟弟），李行秉父親遺志說：「兩岸都是一家人……我要告訴台灣年輕一代的電影創作者，你們的前途、你們的市場在大陸，我一直朝著這個方向在做。」（註四）確是，涵靜老人常說「天帝教前途在大陸」，這是穿透時空的智慧，可以這麼說，整個台灣的前途都在大陸，台灣本是中國的一部分，可惜很多台灣人被「洗腦」了，天帝教同奮要更辛苦！

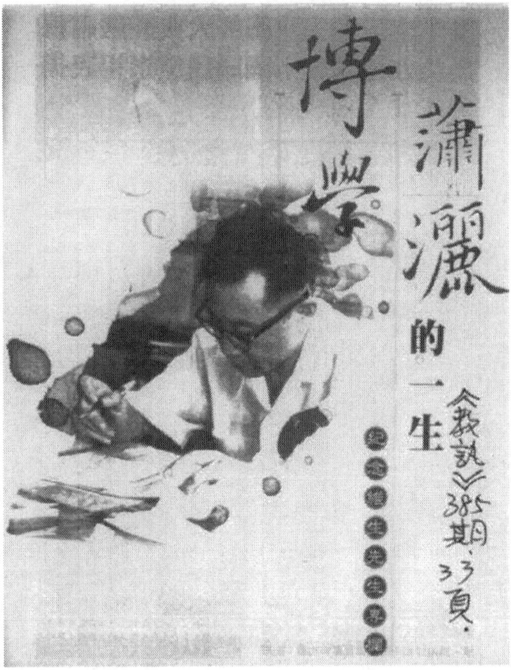

貳、〈紀念維生先生專欄〉關於兩岸統一再提示

在《教訊》第三八五期，有長達四十頁的〈紀念維生先生專欄〉，是再一

次的回顧這位涵靜老人的長公子、天帝教的第二任首席使者、在淡江大學執教數十年的李子弋教授、維生先生「博學瀟灑」的一生。（註五）在這近四十頁的紀念、追思各項文件中，一再的提到中華文化、和平統一、保臺護國，可見中國之統一與民族復興，在天帝教是多麼重要的人間使命，必須保護百分百傳承。使命絕不可能產生中斷或弱化，只有不止息的奮鬥！

〈餙終追思表文〉曰：「維生李子弋先生餙終大典暨祈禱兩岸和平大會，頂表跪呈　道統始祖宇宙主宰　玄穹高上帝。天帝教教主御陛下……」。

〈證道誄辭〉曰：「維生先生，秉承本師世尊涵靜老人遺志，以「中華文化道統傳承」……服膺「上帝即道，道即　上帝」，彰顯中華文化核心價值。祈願：兩岸和平晉大同，道涖天下安平大……」。

李氏耕樂堂家族謹向天帝教同奮，以及各界團體、貴賓、代表等隆重致謝。

餙終大典中，歌詠天帝教《恩典》之歌，唱畢，大會感性的請貴賓、同奮默禱，再輕柔闡述：「我們都瞭解維生先生與同奮相約，天人共同奮鬥，以期中國真正和平統一，完成我們共同的天命。兩岸和平統一，乃本師未竟之第三天命，此一遺願攸關世界和平，更是全球炎黃子孫的共同心願，有賴全教同奮繼續完成，請各位俯首捫心，依各人能力發願，在有生之年依願力完成此一共同天命，並矢志為教奮鬥！」，這是強效「內化」教育過程。

在〈生生不息──維生先生十二年教政〉長文中，概述維生首席領導天帝教十二年中，如何帶領全教同奮一步步落實「第二人間使命」。（一）以「先之、勞之、無倦、承擔」的師範為行動準則；（二）審慎落實教綱、深化組織制度；（三）人本宗教、家為教本；（四）天赦恩典三年、厚植帝教根基；（五）光大天人實學、結合時代脈動。綜合以上各項綱領，可以說以中華文化、中國哲學思想為環境土壤，培養「中華一家」的基礎，以利第二人間使命──中國和平統一之完成。

參、維生先生百日親和追思

《教訊》三八六期，有三十頁的維生先生百日追思。（註六）這時，濃濃的懷念中，有淡淡的感傷，現場可以感受到一種瀟灑和光明。「一盆蘭花；一杯好茶；一盤香蕉；一支煙斗……播放我所喜愛的音樂：「初戀女」、「瀟灑走一回」、「風從那裡來」、「小城故事」、「挑夫」、「某年某月的某一天」，以及西洋的爵士樂。若有緒先同奮薩克斯風獨奏，尤為滿意。」（註七）這是維生先生遺囑所提到的追思方式，只有「瀟灑、浪漫」可以形容。筆者忖度者，這是可以學習的典範，未來若有人願意辦追思會懷念我，就如維生首席使者同方式就好！

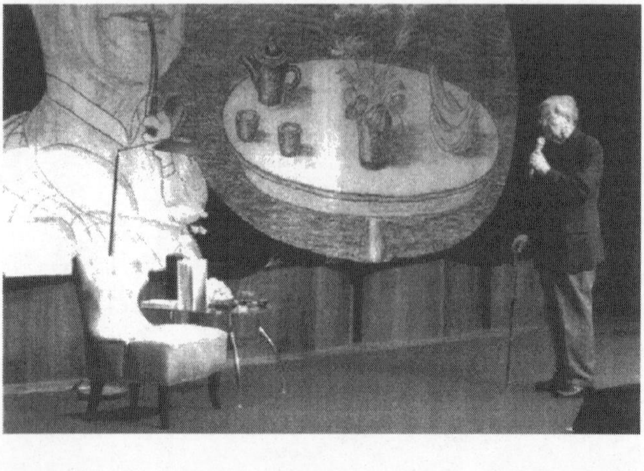

教訊 387 期，45 頁
維光樞機・李導演追思大哥。

這百日追思會各篇文章中，已較少提到「二大使命」、「中國統一」等嚴肅話題，這是對的，說多了很容易成為「教條」。倒是首席督統鐳力前鋒，以天界無形傳示真言：「只要同奮肯發大願、立大志，朝目標去做，一息尚存或臨終一念，都不忘二大時代使命，為後世同奮常留去思，道功自成，何須執著！」（註八）以天帝教第三任首席使者童光照之名的〈追思維生先生〉一文，仍提到維生先生與同奮相約，「天人共同奮鬥，以期中國真正和平統一，完成我們共同的天命」。

在蔡光思樞機使者的〈功成　名遂　身退　天之道─緬懷維生先生〉一文，感念維生先生「毋意、毋必、毋固、毋我」的心教，「功成、名遂、身退、天之道」之行誼。人生的思想行誼修為能達到這樣高的境界，他與同奮相約天人共同奮鬥，「以期中國真正和平統一，完成我們共同的天命。」這真是很完美的「使命傳承」和「任務交接」。後任的首席

天帝教第二任維生首席使者（左）傳承第三任首席使者童光照，延續天帝教法統。

使者必率同奮，完成天帝教的人間使命，促成兩岸和平統一。

由黃敏思撰文、李光光審閱，〈生死分開覺路、路路皆成妙境〉，記錄維生先生最後的住院歲月，家屬、光照首席和同奮們，最後與維生先生相處的一段日子；主要是兒孫陪伴就醫經過，文章中提到「三叔維光樞機‧李行導演」，以八十七歲高齡（民105），幾乎日日探望長兄，老人家自己搭捷運再換榮總接駁車。我這局外人讀來都深受感動，大導演李行今年（二〇一八）九十大壽，電影界為他祝壽，歌壇眾星為他獻唱（詳見前面剪報）。

有兒孫可以承接衣鉢、光大「祖業」，相信是人生最大的安慰。「身為先生的兒孫……也讓我們感念祖父涵靜老人、祖母坤元輔教智忠夫人，我們知道擁有何等豐厚的遺澤，我們更有不辱先人的自我期許。」確信，涵靜老人的兒

圖1/張新鷹先生榮獲天帝教天人研究學院榮譽博士，一同與維生先生合影留念。
圖2/榮獲天帝教天人研究學院榮譽博士的張新鷹先生。

孫們，他們都承接了天帝教的第二人間使命，為中國統一而奮鬥！

肆、第三、四任首席使者交接「中國統一」任務

在「第四任首席使者詔命」中，極初大帝奉頒宇宙大主宰　玄穹高上帝天帝教教主詔命，授陳子光理天命為天帝教駐人間第四任首席使者，諸多神聖使命中，就有「確保台灣復興之基地」和「啟黃胄一統盛世」兩項。這不僅是神聖使命，也是神聖任務，因為是　上帝頒的詔命，亦可見得　上帝對「中國統一」的加持和

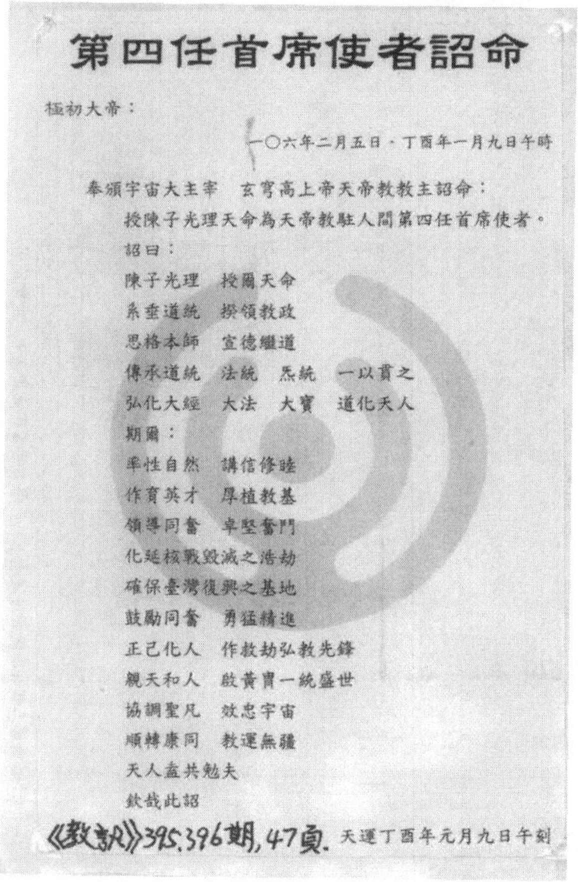

第四任首席使者詔命

極初大帝：

一〇六年二月五日・丁酉年一月九日午時

奉頒宇宙大主宰　玄穹高上帝天帝教教主詔命：

授陳子光理天命為天帝教駐人間第四任首席使者。

詔曰：

陳子光理　授爾天命

系查道統　掌領教政

思格本師　宣德繼道

傳承道統　法統　炁統　一以貫之

弘化大經　大法　大寶　道化天人

期爾：

率性自然　講信修睦

作育英才　厚植教基

領導同奮　卓堅奮鬥

化延核戰毀滅之浩劫

確保臺灣復興之基地

鼓勵同奮　勇猛精進

正己化人　作救劫弘教先鋒

親天和人　啟黃胄一統盛世

協調聖凡　效忠宇宙

順轉康同　教運無疆

天人盍共勉夫

欽哉此詔

天運丁酉年元月九日午刻

《教訊》395,396期,47頁.

努力，天命不可抗拒啊！

天帝教的首席使者交接大典，極為莊嚴、神聖，過程頗為豐富，非教內人員難知其詳與深層意義。在《教訊》第三九五、三九六合刊本，是第三任首席使者童光照和第四任首席使者陳光理交接、傳承大典拜命、移交、陞座儀禮專刊。（註九）因內容、圖片甚多，非本文一小節所能詳述，僅提示天帝教第二人間使命（含玉靈殿三大特定任務），簡略說之。

《教訊》395、396期，11頁
左圖　光照首席使者頒道鼎給光理首席使者(左)
右圖　光理首席使者恭捧道鼎叩謝

《教訊》395、396期，12頁
左圖　光照首席使者(右)頒炁寶給光理首席使者
右上圖　光理首席使者恭捧炁寶叩謝
右下圖　光照首席使者(右)頒法印給光理首席使者

第三、四任首席使者傳承大典，於民國一〇六年二月十一日，分別在天曹和人曹道場舉行。分拜命典禮、教政交接及陞座典禮三階段，分由三組工作同奮準備完成。在光照首席使者〈感恩舉薦表文〉、極初大帝奉頒　上帝詔命（如附印）後，〈拜命表文〉曰：（註十）

> 維天運丁酉年元月十五日。中華民國一〇六年二月十一日，受命弟子陳光理在天帝教天曹鐳力阿道場之參機正殿，敬謹以惟精惟一，至誠至真之身、心、靈，俯伏於
>
> 宇宙大主宰　玄穹高上帝天帝教教主　御陛下
>
> ……領導全教同奮勤奮勤參，致力完成天帝教二大時代使命與玉靈殿三大特定任務，化延三期毀滅浩劫，拯救天下蒼生，促進兩岸真正和平統一，再造華冑一統盛世……

〈拜命表文〉中，二大時代使命、三大任務、和平統一、華冑一統，都是重要的「關鍵詞」。第三任首席使者童光照致詞，略述十年領導教政感言；第四任首席使者陳光理致詞，強調在現有基礎再奮鬥，「我們還要持續與國際間，

包括大陸地區的學術單位與教育機構合作，通過學術交流、教育合作，讓全球社會大眾認識天帝教、認同天帝教、研究天帝教的時代使命與終極目標，進一步來參與、支持天帝教同奮的奮鬥行列……」（註十一）這是第四任領導人的大願、大業，也是天帝教同奮的大願和大業。若全球社會大眾都能認同這「二大時代使命」和「三大特定任務」，則中國之統一和世界和平，都是會很自然的形成，那些飛機大砲航母皆無處可用！

在這重要時節，天上諸神傳來真言，極初大帝、首席正法文略導師、首席督統鐳力前鋒、一炁宗主、三期主宰、無始古佛。有天人共同加持奮鬥努力，天帝教的使命和任務遲早是要完成的，因為這也是歷史大潮流的走向，順天應人的事。

上圖(左)翊教陸光中樞機、大藏院主任黃光啟樞機(右)逐一審視校正移交相關資料。下圖教政移交後，全體工作人員合照留念。《教訊》395，396 期，3 頁。

小結

筆者以為，對天帝教的「使命傳承」和「任務移交」有重大貢獻者，是天帝教有一部「憲法」，《天帝教教綱》。（註十二）這是一本中華文化、思想、哲學、神學為內涵的宗教「憲法」，天帝教之組織、運作、傳承等，皆依「法」而行，故《天帝教教綱》是天帝教的法統；另《新境界》、《宇宙應元妙法至寶》，都有深厚的中華文化意涵。此三者（大經、大法、大寶），指引天帝教代代傳承、生生不息，永不變質走樣，永遠為天帝教的使命和任務奮鬥下去！

維生先生拿出第一個100萬元的基金；光燾也拿出100萬元，加上維光樞機使者湊出的100萬元，務實錄製了104年3月出版的「涵靜老人傳」《教訊》387期45頁。

光理首席使者膺任後，在丁酉年二月初一首發一篇〈丁酉年普請全教同奮加強誦誥呼籲文〉，其中一段說：「兩岸關係由『冷和』進入『冷對抗』，台灣經濟前景堪慮、社會民心動盪，而大陸高舉中華文化大纛，推動『一帶一路』經濟戰略，國勢日盛，已呈現『三期末劫由中國人收場』之勢。」（註十三）如是，則我海內外中國人要爭氣，因為筆者寫本文時，正是地球上最瘋狂的美國總統川普，開啟「美中貿易戰」，又猛打「台灣牌」，中國人不能在這一仗打輸了。川普的最高戰略目的，在遏制中國的崛起，讓全球知道「美國才是老大」，上帝佑我中國！中國人的世紀來臨了！

註釋

註一　陳福成，《中國神譜—中國民間信仰之理論與實務》（台北：文史哲出版社，二〇一二年元月）。

註二　教史委員會、編輯部，〈不忘中華一家、聖靈歸晉金闕〉，《教訊》第三七〇期（二〇一五年一月），頁三〇—三一。

註三　〈天帝教赴告　第二任首席使者維生先生證道〉，《教訊》第三八三、三八四期合刊本（二〇一六年二、三月），頁四九—五一。

註四　〈有大哥才有今天的我！李行導演維光樞機使者緬懷維生先生〉，同註三，頁六八—六九。

註五　〈紀念維生先生專欄〉，《教訊》第三八五期〈二〇一六年四月〉，頁三三—七一。

註六　〈紀念維生先生專欄〉，《教訊》三八六期（二〇一六年五月），頁四一—七〇。

註七　編輯部，〈天人相約百日親和、同奮莫忘齊聚天安〉，同註六，頁四二。

註八　〈臨終一念不忘二大時代使命、常留去思道功自成何須執著〉，同註六，頁四八。

註九　〈天帝教第四任首席使者傳承大典—拜命、移交、陞座儀禮專刊〉，《教訊》三九五、三九六期合刊（二〇一七年二、三月），頁一—四七。

註十　同註九，頁十—十一。

註十一　同註九，頁二六。

註十二　《天帝教教綱》（台北：帝教出版社，民國八十年七月修訂版）。

註十三　內執本部，《光理首席使者發表呼籲、普請同奮加強持誦兩誥》，同註九，頁五四。

第二篇　中國統一的大戰略思維：中華文化

參與全國志工大會師18名志工同奮大合照，為天帝教的「志工史」留下亮麗紀錄。《教訊》381期，47頁。

左圖　天帝教紅心志工團參與公眾活動，與其他志工團隊進一步親和交流。

右圖　趣味競賽中，吳靜聘同奮賣力投入，味全隊爭取更高成績。

下圖　天帝教紅心志工團在坤聯主委敏堅樞機率領下漸漸不向大會司令台，接受大家歡迎。

第六章　以中國爲全球核心的兩岸與國際大戰略觀

我讀天帝教《教訊》，讀多了後覺得就像一本本《中華文化基本教材》；而懂點戰略的人讀起來，也會覺得像《中國大戰略教本》。台灣研究「戰略」的人，通常把戰略分四個層級，軍人戰略家研究「野戰戰略」和「軍事戰略」，文人戰略家研究「國家戰略」和「大戰略」。四層級戰略各有使用領域，極為深妙。（註一）正好筆者亦略懂若干，但要說到「大戰略家」，則非天帝教第二任首席使者維生莫屬。

《教訊》即有《中國大戰略教本》特質，這當然源自涵靜老人有「大戰略觀」之慧眼，老人家把這種思想、哲學凝聚在天帝教同奮腦海中。《教訊》所發表出來的作品，也就有了大戰略觀。如涵靜老人說：「台灣前途在中國；有台灣，中國才有前途；中國有前途，世界人類才有希望。」光照首席使者更說：「台灣的前途在中國，天帝教的前途在大陸。」（註二）從戰略視角綜合看《教訊》這些論述，可「以中國為全球核心的兩岸與國際大戰略觀」統帥之，從這個戰略高度看現在地球上的大國爭勝，就顯得簡單而清楚明白了。

為什麼中國是全球之核心，乃至是廿一世紀要領導世界的強國，追其溯源仍是文化因素。就如十九、二十世紀英美強權主宰地球一樣，西方文化和工業文明的結合，出現以「民主政治」和「資本主義」合體的潮流，強勢文化造就了霸權主義。但這樣的西方文化文明，到二十世紀末已「百病叢生」，甚至可能導致人類文明滅亡，第六次大滅絕提前發生且成不可逆之勢。西方文化文明實在是罪過！罪過！

西式「民主政治」發展到現在，已經成為製造國家分裂、社會動亂和族群分裂的制度源頭。這只要看今之美國、法國、英國等困境，就知道民主政治的禍害！

當西方文化文明面臨沈淪之際，東西方思想家們找到了靈藥妙方，那就是「中華文化」和「中國文明」，涵靜老人是這些智者思想家之一。中華文化是不生產「霸權」的，所以「全球中國化」（大陸企業家馬雲之言），不會出現像西方英美以侵略為主義的霸權，而是會「濟弱扶傾」的王道強國。天帝教的智者群從中華文化的大戰略觀，宏觀體察全球人類要務，對當今的美國霸權是採批判態度的，對西方資本主義文化持否定態度；而中國之崛起、中華民族和文化之復興、兩岸最後必須統一，可以說舉全教同奮配合上帝與諸神加持，舉天人共同奮鬥以期實現之。

壹、美國霸權成就國際孤狼與中美關係

廿一世紀一開始爆發的「九一一」事件，是美國霸權危機的最高警訊，西方英美強權「霸凌」伊斯蘭世界所得之警告與反擊。（註三）此後，美國為延續其霸權大業，不斷製造侵略戰爭，在伊拉克、阿富汗、敍利亞、中東……製造全球性災難；惟中國崛起且其領導階層不忍蒼生受苦，提出「中國夢」和「人類命運共同體」願景，這必然與英美的資本主義強權產生衝撞。各媒體形容「兩隻大象打架、踩死周邊一堆小動物」，事情沒這麼簡單，一定有什麼「卡」住

了地球！卡住歐盟！卡住中南美各國！卡住東南亞、日本、南韓等國！卡住許多國家！產生了「選邊站」的困難。這問題所在，天帝教《教訊》數語道破，在三七五期維生先生〈謹致習近平先生的一封公開信〉，起首是這一段話：（註四）

中國大陸一定要走向西太平洋，中國大陸的目標就是要美國從琉球撤出；從以前的第一島鏈：韓國、日本、琉球、台灣、菲律賓到泰國退到關島以東。

習近平先生於二〇一三年六月八日在「加州陽光莊園」與歐巴馬會談後宣佈：「寬廣的太平洋，有足夠空間可以容納中美兩個大國和諧共處。」這就是告訴美國，關島以東海權屬美國；關島以西的西太平洋地區應屬中國大陸和平崛起的權力範圍。

維生先生數語道破目前地球上最頂層的大戰略問題。確實，美國遲早必須退出西太平洋，那時「台灣問題」解決了，日本乖了也沒「釣魚台問題」，中國統一而亞洲各國繁榮，全球中國化，世界和平不遠了！反觀現在的美國，「成為國際秩序的直接挑戰者，全球貿易戰煙硝被點燃，美國近乎成為國際孤狼。」（註五）近二十多年來，美國確實漸漸成為一隻孤狼，也在國際上製造更多孤狼。所謂「美國優先和再次偉大」，其實只是霸權最後的掙扎，其人民日愈貧窮，四成人口陷於基本生活的困境中。（註六）以及種族歧視、社會分裂日愈嚴重都是徵候，川普一連串舉措，世界各國就算不在制裁名單中，也會受到程度不等的波及，誠可謂美國近乎與世界各國為敵。（註七）他與全球為敵，全球不與他為敵嗎？美國已退出許多國際組織，其孤狼行為反而有助於中俄的「戰略夥伴關係」，並漸漸使各國倒向中國，更有利於中華民族之復興，有助於中國崛起壯大！

至於中美關係，要從本質面看，大國爭勝、強權興衰，自古以來本來沒有什麼制度制約，始終都是「國際叢林」裡的叢林法則而已，或美其名曰「戰略競爭」，乃雙方領導階層的「智慧決戰」。美國目前雖仍守著「一中」底線，但從歐巴馬的「亞洲再平衡戰略」到川普的貿易戰，目的都是要制壓中國的崛起（最好是中國崩潰）；乃至明目張膽支持台獨，在新疆、西藏和香港搞分裂主義，企圖永久分裂中國。結果反而全球樹敵，加速美國衰弱，中國必逐步走上領導國際之舞台，美國退出的國際組織也將被中國接收。同時中國的「一帶一路」建設日愈強固，「亞投行」連英、法、德、義都加入，日本則正要和中國進行「一帶一路」合作。宇宙間的事，物極必反，盛極而衰，乃自然法則，美國霸權已近黃昏，有智慧的領導人應好好管控中美關係，幫助中國儘快完成兩岸統一，這才是正常的中美關係。只可惜川普沒這個智慧，只善於樹敵，他在國家安全戰略中，把地球上兩大強國當成敵人，抹黑成掠奪者：（註八）

中國和俄羅斯挑戰美國的實力、影響力和利益，試圖侵蝕美國的安全與繁榮……中國和俄羅斯在發展先進武器和能力，這些武器將威脅我們最重要的基礎設施和我們的指揮控制系統；我們增強導彈防禦，不是為了破壞戰略穩定或干擾與俄羅斯和中國的長期戰略關係……中國在南海……

老美的思維邏輯，真可謂睜眼說瞎話，騙死人不償命，人家發展新武器都是要對付美國，而自己發展新武器只是用於防禦。檢視美國建國二百多年來，尚未打過一場防禦性戰爭，只有無數的侵略戰爭，死於美製武器下的平民百姓，已不知有幾千萬人，只是世人惑於「美式民主」，以為「只要美國做的事都是對的」，只有讓這世界增加更多的「美式災難」！

整體來看現在的美中兩強，美國霸權在這近黃昏階段裡，會成為一隻可怕的孤狼，積極在中東和中國週邊挑起戰火，但美國也不想和中國正面開火；而中國，應記住老祖宗的智慧真言（鄧小平也說過的），「別太早把頭伸出來」，三十六計中也有很多計可以應付老美。默默經營，不動聲色，爭取最後的勝出，如玄玄上帝在丁酉年（民107）底的聖言：「歐盟、美國西方文化滋長，正是中華文化的『天下為公』王道思想主導廿一世紀人類文明的契機，全教同奮持誦迴向文：『兩岸復興中華文化，同心接受三民主義』，深思而有所奮行。」（註九）

是故，中國現在是和一隻可怕的孤狼打交道，是中國夢想之戰。戰爭性質甚為複雜，除了政治、經濟、外交、國防、軍事、科技、民生之戰，更是一場文化戰、文明之戰，這是中美關係的實相真相。對於如何打敗美國，中國人不須客氣，應不擇手段崩解之。五千年文化，許多兵學智慧，中國會打贏這隻「孤狼」而美國的衰微已成定局，中華民族的復興真是「山都擋不住」，老美拿什麼來制壓中國的崛起強大？

貳、鼓舞中國崛起、民族復興和國家統一之風潮

若說天帝教在人間復興（亦創教）的宗旨，主要是為了促成「中國崛起、民族復興和國家統一」並不為過，這只要讀幾篇涵靜老人的講詞或看幾期《教訊》，就能同意我這個說法。甚至從涵靜老人的「華山時代」，到在台灣復興天帝教的歷史淵源追尋，簡直可以說天帝教是為「和平、奮鬥、救中國」而誕生的，是天帝教宗旨，也是上帝的旨意。

> 天帝教尊奉的天帝，就是大宇宙的主宰，「天帝教」的教主，也是地球上整個人類共同信仰的　上帝，「中華一家」，「萬教歸宗」……「天帝」是宇宙創造者，乃宇宙主宰玄穹高上帝的簡稱，也是古代中國人齋戒沐浴，以事上帝的上帝……（註十）

原來，上帝是「中國人」，中國人幾千年來就在齋戒沐浴以事上帝，而上

帝正是天帝教教主，對中華文化和民族復興當然全力加持鼓舞，中國有希望，世界才有希望。筆者以一個局外人的研究，似乎這也是「上帝的大戰略」，上帝看到中國才是全地球的核心，中華文化才是救劫良藥，可以救人類的毀滅浩劫。在對中國文化加持鼓舞的反面，是對西方文化文明的批判，在〈天帝教〈祈禱詞〉第九大願〉「願 人類無等差 泯除民族仇恨」一文講到，種族仇恨與歧視始於古羅馬，現代則從資本主義來，全球化資本主義推動民族戰爭，使許多國家巴爾幹化，令人民流離失所。（註十一）美國則是這個全球災難背後的黑手，西方文化變本加厲的「妖魔化」，讓西方「民主政治」和「資本主義」成為兩隻毀滅人類社會的大妖魔。此絕非筆者危言，只要靜心觀察現在世界上搞西方「民主政治」和「資本主義」的國家地區，就都清楚明白了！

誰來阻止這兩隻「大妖魔」毀滅人類社會？誰來挽救全人類浩劫？這個浩劫就是天帝教說的「三期浩劫」。顯然，天帝教知道救劫良方何在？所以天帝教才說是「救劫的宗教」，藥方不外就是「二大人間使命」和「三大特定任務」。其實三大特定任務包含在二大使命中，二大使命完成，三大任務也結束了！

就這「二大使命」和「三大任務」，已然足以詮釋中國為核心的兩岸與國際大戰略觀。天帝教同奮當然全心全意祈禱鼓舞中國之崛起，誦誥鼓動中華民族復興的風潮，中國完成統一是天帝教第二人間使命的實現，「中國有前途，世界人類才有希望」。涵靜老人駐世曾說：「在三期收圓的六個過程中，行清平三階段，以美蘇為主；春康同三階段，以中國為主。三期末劫從中國開始，將來也要由中國人來收場。」（註十二）以宏觀的大戰略視野，體察目前全球大國爭勝的「版圖運動」徵候，東西方文化消長的戰略態勢，筆者大膽判斷，這個「中國人來場」，正是習近平「中國夢」和「人類命運共同體」的實現。當然「羅馬不是一天造成的」，但已到「收場」直前的關鍵時刻，天帝教同奮的大戰略慧眼看得太清楚了。

《教訊》第四〇一期〈大家談〉一文，談到中國近來的大戰略作為，已有天下共主之勢。（註十三）二〇一七年六月，美國川普宣布退出《巴黎協議》，全球譁然中，我中國總理李克強與德國總理梅克爾召開聯合記者會。李克強聲明：「作為一個發展中的大國，中國在氣候變遷方面有『國際責任』。」此舉及時穩定了局勢，不使《巴黎協議》功虧一簣，迄今已顯示中國有取代美國成為環保共主之勢。事實上，中國崛起後誓言「永不稱霸」，強調「大國責任」，尤其設立亞投行，推動一帶一路計畫，貫通歐亞大陸形成經濟共同體。從政治、經濟、軍事、科技、文化綜合觀之，中國成為世界共主，使全球「中國化」，沐浴在中華文化的王道環境中，是可期待的。

《教訊》四〇四期，更進一步揭示習近平為未來三十年制定了「政治藍圖」，中國將成為現代化強國。（註十四）習近平在「十九大」中，報告未來三十年的「中國國家戰略發展構想」藍圖，中國將在二〇四九年，亦即中共建國百年，成為現代化強國；換言之，到二〇五〇年，也就是中國蒙受屈辱的鴉片戰爭二百週年，中國將重新崛起，站在世界之巔。習近平強調，到時我國物質文明、政治文明、精神文明、社會文明、生態文明，將全面提升，實現國家治理體系和治理能力現代化，成為綜合國力和國際影響力領先的國家，全體人民共同富裕基本實現。

在十九大閉幕報告，習近平再度提及「堅持和平統一、擴大兩岸交流合作、推動兩岸關係和平發展，以及祖國和平統一進程。」再強調「六個任何」──絕不允許任何人、任何組織、任何政黨、在任何時候、以任何形式、把任何一塊中國領土，從中國分裂出去。

參、警示武統台灣的可能，誦誥瓦解台獨和獨台

說「台灣前途在中國」，其實是一句正常論說，就如說「四川前途在中國、廣東前途在中國、香港前途在中國……」都一個道理，因為都是中國領土的一部分，整體與部分本是「命運共同體」。拿到台灣內部來說也同理，新竹前途在台灣、台中前途在台灣……」道理都一個樣。惟如果部分要分裂，整體只好「武統」，否則整體也會全面崩潰。

天帝教的智者群研究中共「十九大」的戰略論述，儘管沒有提出統一時間表，但似乎可以預估在五到十年內，不論最終形式如何，完成兩岸統一，當是習近平歷史定位的標竿。（註十五）這意味著二〇二二到二〇二七年間，兩岸會完成統一，和統？武統？上海國際問題研究院亞太研究中心助理研究員于迎麗，在二〇一六年二月十七日，提出一個看法：「如果美國在走軍事道路的方向上，一意孤行的話，完全可以考慮把台灣問題跟朝（北韓）核問題聯繫起來。如果美國用軍事手段來解決朝核問題，那麼我們在台灣問題上，不排除也用武

力手段。」（註十六）按筆者對中外戰史的研究，這極有可能，按天帝教智者群的研究，台獨勢力高漲，川普又將台灣當作棋子，增加了武力統一台灣的可能性和急迫性。

「十九大」後的中共，步入習近平新時代，各種徵候顯示「統一」的準備。中國不排除在東北方參與第二次韓戰，牽制美日，而在東南一併武力解決台灣問題，完成中國統一局面。

在《教訊》四〇九期中，亦提到兩岸危機四伏，巡天節有真言說：「台灣現狀，內政失利，兩岸政策失分，台海敵對情勢升高，進入戰爭熱點名單，天人同須警惕以對。」（註十七）這戰爭熱點所指，是二〇一七年十二月十八日，美國肯塔基大學講師法利（Robert Farley），預測二〇一八年的五個最可能爆發「第三次世界大戰」的地點：第一朝鮮、第二台灣、第三烏克蘭、第四北約南方側翼、第五波斯灣。

法利認為，中國軍方和外交方面領導人最近「強硬表態」表明，中方認為台海軍事平衡已經改變，中國和美國的不確定性將導致大規模衝突。大陸對台採取「軟硬兩手策略」，軟的更軟（更多惠台），硬的更硬（準備武統），習近平任期已不受限制，極可能在任內解決台灣問題，完成中華民族偉大復興和國家統一大業。

面對可能的劫難（台獨、獨台），天帝教同奮只有拿出「宗教徒最大的利器—祈禱」，積極祈禱、誦誥，向上帝與諸神哀求「瓦解台獨和獨台」。法源首席童子傳達王總天君前輩真言：所謂「台獨」或「獨台」的思想及行為，在台灣與大陸之間的歷史文化淵源道統上，已被否定，況且「台獨」或「獨台」，亦違反中華文化一脈相傳的法統體制，並且更使台島人民「自絕」於中國人血脈相連的民族結。（註十八）法源首席童子同時警示，台灣恐生內亂，大陸則在沿海戒令三軍戰備，期許帝教同奮為和平統一中國而奮鬥不懈，包含中正真人、極初大帝等眾天界無形諸神，都傳來類似警訊真言。

小結

一言蔽之，《教訊》雖是宗教性刊物，但也是一本《中華文化基本教材》，從戰略觀之可以是一本《中國大戰略教本》；綜合簡述核心價值，有「以中國為全球核心的兩岸與國際大戰略觀」之絕對高度和廣度。

註釋

註一 陳福成，《國家安全與戰略關係》（台北：時英出版社，二〇〇〇年三月）。

註二 〈天帝教第四任首席使者推選大典專刊〉，《教訊》第三九三、三九四期（二〇一六年十二月、二〇一七年一月），頁五七。

註三 陳福成，《第四波戰爭開山鼻賓拉賓》（台北：文史哲出版社，二〇一一年七月）。

註四 維生先生，〈謹致習近平先生的一封公開信〉，《教訊》第三七五期（二〇一五年六月），頁二七—三一。

註五 〈川金合議希望風險並存、亞太地區地緣政治丕變〉，《教訊》第四一二期（二〇一八年七月），頁六—一二。

註六 這是美國城市研究所（Urban Institute）的調查，《人間福報》，二〇一八年八月三十日。

註七 〈美國重新定位全球戰略、國際金融危機正在蔓延〉，同註五，頁一三—一七。

註八　趙光武開導師，〈川普國安戰略自傷競爭、恐肇中俄聯手抗美亂局〉，《教訊》第四〇六期（二〇一八年元月），頁八三—八七。

註九　天人親和院提供，光理首席使者核示，〈法語甘露策人心〉，《教訊》第四〇七、四〇八期合刊（二〇一八年二、三月），頁七八。

註十　《天帝教答客問》（台北市掌院編印，民國九十六年七月一日），第十一、十二問。

註十一　教史委員會，〈天帝教〈祈禱詞〉第九大願〉，《教訊》第三八一期（二〇一五年十二月），頁九五—一〇一。

註十二　〈回顧十年教政　執兩用中　天命法權移轉　垂禪千秋〉，《教訊》第三九三、三九四期合刊（二〇一六年十二月、二〇一七年一月），頁六〇。

註十三　〈大家談〉，《教訊》第四〇一期（二〇一七年八月），頁四—六。

註十四　退任首席使者辦公室，〈21 世紀黃冑一統盛世、保臺護國常保憂患意識〉。《教訊》四〇四期（二〇一七年十一月），頁四五—四八。

註十五　同註十四。

註十六　〈朝核危機各有丘壑、台灣同胞居安思危〉，《教訊》第四〇三期（二〇一七年十月），頁一二—一五。

註十七　中書室，〈遽逢丁憂專勤不懈、首席全台巡迴親和〉，《教訊》第四〇九期（二〇一八年四月），頁七—一四。

註十八　教史委員會、編輯部，〈保台護國天諭啟示之一〉，《教訊》三九二期（二〇一六年十一月），頁二八—二九。

第七章 中國風，營造中國文化意涵的人民生活形態

有句話說，「亡其國，必先亡其歷史文化，」歷史文化何在？就在人民的日常生活形態中。相信老一輩人都知道，日本殖民台灣時進行「皇民化」運動，就是把台灣人的「中國基因」慢慢清除，推行日語、禁止寺廟放中國神，改信日本神等，讓台灣人質變成日本人。

為何要使台灣人質變成日本人？原因很簡單，成為日本人才會效忠大和民族、效忠日本天皇；同時，也等於削弱中國國力，分裂並打擊中國民族，自然可以讓日本壯大，增強「消滅中國」的力量。（註：消滅中國，是日本從豐臣秀吉時代訂下的大和民族歷史使命。）

儘管當時倭國仍不認為「台灣人可以成為日本人」，但至少可以使台灣人

「忘本、忘根、忘祖宗」，也是造成永久分裂中國的力量，使大和民族獲得更大利益。

世界各民族有各民族人民的思想信仰，各國人民生活形態都不一樣。為什麼成為美國人、以色列人、伊拉克人、日本人、中國人……？因其歷史文化信仰民俗形成了各自的生活形態。民進黨執政後，為什麼積極搞「去中國化」？從「去鄭成功化」到「去媽祖化」，這些是中國人生活信仰的重要元素；另一方面，凡獨派執政的縣市，積極於恢復日本時代的「神社」（日本神廟）、古蹟等，背後的企圖都是讓台灣人忘祖忘宗，忘記自己是中國人，漸漸「日本化」，這是可怕的計謀，但一般人民是無感的，因為政治語言會包裝得很甜蜜、很自然合理！

天帝教是為「救中國」而復興重來地球的宗教，天帝教是為復興中華文化、復興中華民族與完成人間第二使命中國統一的宗教。天帝教同奮怎能容忍「去中國化」呢？當然是要盡天人之力進行「中國化」，加強「中國風」潮流，營造中國文化意涵的人民生活形態。《教訊》四一三期的〈首席闡道—談宗教教化〉一文，光理首席詮釋「何謂宗教？」時說：「有所宗以教民；有所本以化民，提升精神教化，安定社會，傳承民族文化的一種思想和行為，稱為宗教。」（註一）光理首席談宗教教化，指出「上帝」並非西洋基督所專有，中國早在《詩經》提到　上帝，不下百次，所以中國人信仰　上帝早於西方國家。天帝教的天帝，就是　玄穹高上帝，大宇宙的主宰和化身，這才是中國人自古以來的信仰。

可以這麼說，天帝教所辦各種活動，從未脫離「中國意涵」，比較嚴肅的如「和平統一法會」、「保台護國法會」等。而比較輕鬆的如文昌祭、保生文化祭、過中國節慶、營造中國風等，基本上是透過宗教教化，讓大眾感受到「中國文化意涵的人民生活形態」。

壹、「文昌祭」宣揚中國人的傳統信仰文化

天帝教積極於每年舉辦「文昌祭」，其淵源、宗旨、實況，約略從〈天帝教「文昌祭」歷十五年、致力推廣品德教育向下扎根〉一文知其梗概。（註二）天帝教從民國九十一年起，每年三月第二個星期日定期舉辦「文昌祭」活動，到二〇一七年已歷十五年。吸引廣大學子參與，目的在宣揚中國人的傳統信仰文化。惟其淵源和精神，都和中華文化、中國歷史，息息相關，才成為中國人生活的一部份，中國人心中信奉的神，素有「北孔子、南文昌」之說。

《明史》禮志稱「梓潼帝君，姓張，名亞子，居蜀七曲山，仕晉戰歿，人為立廟祀之。」文昌帝君，即文昌武烈梓潼帝君，簡稱梓潼帝君、文昌君，是保護文運和考試的神祇。（註三）有中國人的地方就有文昌帝君廟。

天帝教辦「文昌祭」也和涵靜老人有關，其尊翁德臣公早逝，唯一遺產《文昌帝君陰騭文》和《太上感應篇》手抄本。老人家在學生時期積存零用錢，印贈二書，廣結善緣，達三年之久，終其一生持誦奉行，這兩本聖典當然也成為

天帝教的重要經典。

《文昌帝君陰騭文》普勸世人廣行陰騭（作陰德、積陰功），不為顯名於世。陰德、陰功之說，是中國人起源很早的道德觀，《易・坤卦・文言》曰：「積善之家，必有餘慶；積不善之家，必有餘殃。」餘殃陰禍，都會禍延子孫。孔子以人道強調天道時說：**「祐者，助也。天之所助者，順也。人之所助，信也。履信思乎順，又以尚賢也，是以自天祐之，吉无不利也。」**上天保祐順從天道的人，而人能自助者，就是能履信、尚賢，又順從天道，得天之保祐，無往不利，此便是中國人的天人哲學。文昌帝君更傳示聖言，期許以「文昌祭」實踐中華文化，特附印如下：（註四）

圖1、2/「文昌祭」活動現場，將懸掛中華文化精髓20個字的「人生守則」，任民眾與學子選取，由書法名家書寫墨寶，終生奉行。

圖3/第13期神培班許緒鍊同奮（右）在「廿字墨寶」區積極宣導。

圖4/中醫師王秀同奮（中間坐者）年年發心在「文昌祭」時義診，深受敬愛。

圖5/台中縣初院開導師何光傑邀請楊瓊瓔（道名：凝義）立委致詞。

《教訊》373期 38頁.

擴大推廣文昌精神　修道修身不弄是非

金闕特上相文昌帝君：

一〇六年十月二十六日
丁酉年九月七日午時

天帝教是有組織有制度之宗教，更是因應時代潮流之宗教，修道、辦道融入地緣與外在環境需求，不可墨守成規，畫地自限。吾言：台中縣初院以「文昌祭」實踐「中華文化行善積德，諸惡莫做，眾善奉行」之內涵，推廣「文昌」之精神，當擴大舉辦……修道重修身、修心、更修口，以「和」為貴，不搬弄是非，不弄虛作假，精誠奮鬥，積善之家有餘慶。

天帝教是救劫的宗教，為挽救「三期末劫」而在地球復興，「劫由人造、劫由心造」，改變世道人心是救劫的辦法。長期舉辦「文昌祭」，是天帝教救劫和弘揚　上帝教化的具體作為，有助移風易俗、改變世道人心。「上帝愛我中華民族，尤其愛我中華文化的老根，因為中華文化就是　上帝的真道。」（註五）三期末劫有兩件天大的事（也是劫），一是核戰浩劫毀滅，必須化解化除挽救人類；二是中國兩岸分裂，必須促成和平統一，復興中華文化和中華民族。這就是天帝教二大人間使命，救劫救難的起點都是從移風易俗，改變世道人心開始。

而筆者翻閱各期《教訊》，凡能移風易俗、改變世道人心，使中華文化得以發揚的任何活動，天帝教同奮們都積極投入，辦「文昌祭」只是一小部分。可敬！可佩！讓人感動啊！天帝教同奮！

貳、「保生文化祭」傳揚中國醫神悲天憫人的精神

保生大帝，也叫大道公、吳真人，是我國北宋人吳本（音：ㄊㄠ）。另指「保生三真人」信仰，認為是孫思邈、吳本、許遜，三位成神後結拜義兄弟，行醫濟世，救人無數，在中國民間信仰都可叫「保生大帝」。（註六）中國閩南、台灣地區，到處都有保生大帝信仰及其寺廟，民間習慣叫「恩主公」，恩

主公廟主神正是保生大帝。但「天帝教保生文化祭」，融入了天帝教特色，彰顯中華文化的內涵與境界。

保生大帝與天帝教的「結緣」，始於民國七十七年的台南縣初院，這年十二月十一日，初院在新營開光成立，總護法保生大帝長期護祐，同奮得以身心靈安適，得以樂觀，開啟「保生文化祭」的因緣。（註七）為廣宣保生大帝悲天憫人精神，自民國一百年起，該院開始在保生大帝華誕，啟建「保生文化祭」。

《教訊》410期56頁.

天帝教保生文化祭
塑造新營教院特色

採訪/黃敏
攝影/林光

新營初院「玉穹殿」總護法保生大帝誕辰，該院舉辦「天帝教保生文化祭」已有8年。

為彰顯更多中華文化內涵，成為人民生活中的「中國風格」模式，天帝教於二〇一五起更名為「天帝教保生文化祭」，首次以具有天帝教特色的型態辦理。之後，在每年農曆三月十五日保生大帝華誕前一週的週六或週日舉辦。加人天帝教特色後的保生文化活動，有了中華文化的核心內涵，如二〇一七年有「天人炁功」、「廿字真言」等活動。（註八）尤其「廿字真言」可謂是中華文化的「濃縮」，中華文化政治哲學的核心價值（第十一章論述），在天人交通上可謂「法力無邊」，在各種法會中常要誦念「廿字真言」；在《天帝教教綱》訂有各種祈禱親和儀式，也都要誦念「廿字真言」。（註九）可見這「廿字真言」功能強大，表示中華文化也是「功能強大」。

說到中華文化「功能強大」，我必須舉出歷史上的實例。我國在元、清兩朝初期，統治者都曾太天真的想要「去中國化」，蒙古人想將中國「蒙古化」，滿族人也想將中國「滿族化」，不久全都投降（不投降是死路），且全被「中國化」，成為中華民族的一員。

而歷史上最大規模的「消滅中華文化」，是毛澤東搞文化大革命「去中國化」，企圖把中國「馬列化」。當時，打倒「孔家店」翻江倒海，四書五經等中華文化經典全被丟入「矛坑」，持有者就有罪；而孔老夫子苦啊！被捉來遊街批鬥。最後呢？誰輸誰贏？筆者不須多言了！可想而知，現在台灣獨派也搞「去中國化」，結果已定—反被「中國化」！

二〇一八年「天帝教保生文化祭」，新營初院林光崑開導師帶領籌備，以落實極初大帝聖訓：「目前每個教院發揚各教院特色活動……」為宗，成為當地的一個文化特色，也深化了同奮「信、願、行」的奮鬥。（註十）在活動現場，除炁功服務、義診外，發揚「廿字真言」，貴賓認選真言二個字，現場揮毫贈送及DIY廿字書卡，都是讓中華文化，在潛移默化中對世道人心有啟示作用。

參、過中國年節，彰顯中國人生活形態的面貌和特色

世界各民族各國人都有他們過年節的方式，阿拉伯民族、日耳曼民族……

美國人、英國人、日本人、中國人……都有不一樣面貌和特色的年節。這是民族文化自然形成的風格，所謂「亡人之國，必先亡其文化」，一個人失去他本民族的民俗文化信念，他和本民族就「斷根」了。一國之人若有多數人「斷根」，表示他們都不知道「我是誰？」就有亡國亡種亡族的危機。

假設，台灣人全都「皇民化」，不過中國年節，只過日本年節；不信中國宗教信仰，只信日本神道拜大和天皇，請

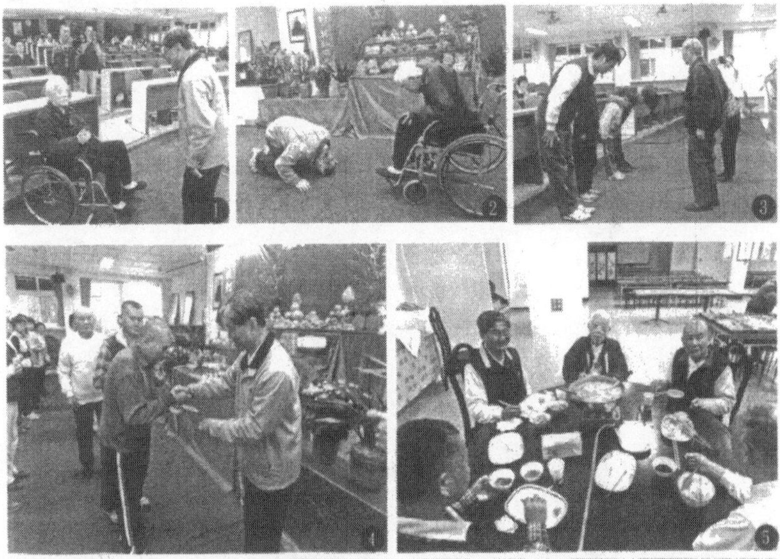

圖1/光照首席（右）向維生先生辭歲拜年。

圖2/維生先生二公子～光仁同奮，向父親辭歲與拜年，充分發揚中華文化年節時分，人子應對之儀禮。

圖3/胡緒勳預命開導師、黃敏原賢伉儷帶著2位孩子，向祖父母～顯祥、貞寬辭歲拜年，充分展現中國傳統大家庭的儀禮。

圖4/光照首席（右）慰勉鐳力阿道場工作人員辛勞，一一發送紅包；圖為鐳力阿道場廚房的大廚～黃光戒開導師。

《教訊》371、372合期，8頁.

圖5/光照首席（左）陪同維生先生（中）一同享用辭歲的年夜飯。

問：台灣人還是台灣人嗎？台灣人還是中國人嗎？兩岸還要統一嗎？這雖然是假設性議題，但在台灣已漸漸成為事實。台灣獨派執政大搞「去中國化」，凡是「中國文化」都要去之而後快，從「去蔣化」、「去鄭成功化」、「去媽祖化」，到各級學校「去禮義廉恥化」，教科書「去中國化」……無所不用其極，比大陸搞文革更恐怖。

一年四季的節慶中，凡有「中國意涵」的，也大致去除（作廢）得差不多了。如國慶日、青年節、國父誕辰、蔣公誕辰、行憲紀念日，大多已被醜化或變質。

而在另一方面，獨派執政縣市（甚至中央帶頭幹），在恢復日本時代古蹟、神廟，崇拜日本「建設台灣有功的人」，舉辦「日式活動」。凡此，都是在加深兩岸人民的分裂，拉大兩岸人民的距離，最終使台灣成為日本的文化殖民地。

光照首席頒授教財給3大道場，鐳力阿道場由郭光城樞機代表接受(圖1)，天安太和道場由副主委賴光門開導師代為接受(圖2)，天極行宮則由新主委薛光霸領取(圖3)。

圖4/光照首席致詞勉勵，希望新的一年進步一點點就好。

圖5/日本教區公署副主任王光行樞機（左）從光照首席手中迎接教財。

圖6/光照首席賜教財給終年發心為帝教拍攝相片，留存於歷史的蔡光貢同奮（左）。

《教訊》371.372合期 11頁。

我為什麼要提這些？因為這正是天帝教同奮所面對的環境和困境。天帝教在積極傳揚中國年節，讓人民知道自己是中國人，要過中國人的年節，中國的春節有幾千年的歷史文化內涵，有不同於西洋年節的樣貌和特色。天帝教同奮在盡天人之力「中國化」，而台獨份子「去中國化」以明暗手段排山倒海而來；統治者有武器權力，有情治軍警，天帝教有什麼？「祈禱是最大利器」，還有上帝的力量。最終，成為　上帝和台獨的對決，誰是最後贏家？（第十四章總結再論）

天帝教積極恢復中國年節，彰顯每個節慶的中華文化內涵，三大節（端午、中秋、春節）更是不在話下，其他節慶也不遺餘力。例如，辭歲「謝年祭」，自甲申年（民國九十四年、二〇〇五年），第二任維生首席使者訂為全教重大活動，於巡天節恭送　上帝聖駕後，隔日舉行。天帝教「謝年祭」彰顯中華文化敬天法祖的傳統。

謝年，又叫「辭歲」，中國人在除夕有「辭歲」習俗。辭歲的案頭陳設六份酒杯和餐具，代表〈上帝聖誥〉中的「六合慶大同」，「六合」就是上、下、東、南、西、北六個方位；也代表感謝「天、地、君、親、師、家」（天帝教多一個家）。（註十一）儀式的內涵都有中華文化豐富的意義。

光理首席拜命陞座後，第一個農曆新年戊戌年（民107、二〇一八年）春節，在鐳力阿道場與同奮一起歡度。光理首席從丁酉年除夕守歲開始，一路歷經天帝教在歲末年終饒富中華文化的節慶：除夕謝年祭、初一祀天節、初二祀稷節、初三祀道節、初九　上帝至誕、十五無生聖母聖誕。（註十二）在現代思潮沖擊下，年輕一代不知有幾人知道這些節慶的內涵，不論現狀環境多麼不利，我從《教訊》上看到，天帝教同奮以強烈的信心信念幹下去！就是幹下去！光理首席在新春談話講中華文化、第二使命、一帶一路等；轉達教主　上帝嘉許同奮，在去年全教同奮誦誥七億六千萬聲，是救劫的大力量，同奮仍須堅定道心，持續奮鬥，直到完成人間使命。

肆、各種慶典營造「中國風」，中華文化如沐春風

天帝教一年到底辦了多少法會？多少節慶大典和活動？多少國內外學術研討會？多少地方民俗活動？實在是說之不盡！加上各輔翼組織（極忠文教、

宗哲社、紅心字會）及國內外各級道場。每年有無數活動，共同的特色是在活動中廣宣「中國風」，讓無數人感受如沐春風的中華文化風格。

已辦過多次的「國際道學研討會」，是國際學術界專研中華文化的會議，第十屆於二〇一六年五月二十六日到二十九日，在天帝教天安太和道場舉行，有二十個國家，一百七十位以上國際學人集聚一堂，大家專研中華文化。（註十三）這正是天帝教宣揚中華文化，營造「中國風」，也是宗教發展的大好機會，讓更多人認識天帝教。

這項研討會由國際道學創辦人柯恩博士、天帝教輔翼組織「中華宗教哲學研究社」（簡稱「宗哲社」）理事長劉正炁博士，共同擔任主持人。籌備工作人員採「中國風」，散發中華文化馨香的氣氛，在茶香、花香，加上悠揚琴聲飄揚下，優雅古典的揭開序幕，

以茶香(敏餘同奮貴氣展現)、花香（凝菩同奮巧手方馨）、琴聲(敏獻同奮悠揚彈奏)揭開序幕，來自各地國際學人沉浸在濃濃「中國風」，倍感不凡。

各國學人大讚「好特別！」為期四天研討會，在《教訊》三八七期，有數十頁完整報導。

天帝教所辦的學術性大型活動，如國際道學、天人實學、中山思想等，以中國學、中華文化為核心，彰顯中國風格和中國意涵，在潛移默化中體現中國人的生活形態和生命態度。而在很多非學術活動，如參與地方燈會、氣功靜坐、紅心志工或各種展覽會，也都盡可能體現中國文化風格，二〇一五年台灣燈會，二、三月間在台中舉行，天帝教同奮以「廿字真言」做成「廿字燈組」，中外驚艷。（註十四）須知，這「廿字真言」，乃是五千年中華文化思想哲學的濃縮。（見十一章）

圖 1/ 桃園天鎮堂靜刻同奮表演中國武術—太極拳。圖 2/ 天鎮堂吉瓦斯老師和靜俐同奮（右）甜美二重唱。圖 3、4/ 台北市掌院「天音合唱團」由林梅英老師教唱與指揮。圖 5/ 省掌院崇德縱橫薩克斯風演奏，團長呂光境同奮（右）帶領團員四處公益表演，亦有弘教效果。**《教訊》404 期，19 頁。**

二〇一七年坤院年會和成果聯展，十月七日在天安太和道場舉行，過程中的兒童讀經、中國武術表演，光理首席致詞講「家為教本」和孝道，強調這是「中華文化精神」，甚至坤院修持分「梅、蘭、竹、菊」四莊，都意涵中國文化的藝術境界。（註十五）筆者仔細看資料，發現坤院「女人們」不是隨意玩玩的，梅莊勤修天人合一，溝通天人文化；蘭莊研究教義，寄情琴棋書畫；竹莊祈禱誦誥，勞動服務；菊莊修持天人炁功，社會救濟。

小結

回到陳光理樞機使者（後第四任首席使者）在第十屆國際道學研討會這篇報導文章。（註十六）光理樞機特別介紹，天帝教的教主　天帝，是「宇宙主宰去穹高上帝」，亦即中國人「齋戒沐浴，以事　上帝」的　上帝……天帝

陳光理樞機使者，代理李光照首席使者於大會致詞，竭誠歡迎各國專研到學好手。

教在地球復興始末、使命、任務等向國際學人略述一回。在這樣壯盛的國際級盛宴，「彰顯中國老祖宗的生命智慧與經驗，以及中華文化博大精深的精蘊。」對天帝教的「國際化」不僅有很大幫助，使國際友人對中國、中華文化進一步理解，相信也有利於天帝教人間二大使命的促進完成。

再者，目前地球上最頂層的大戰略級議題，就是「美中爭勝」（美國爭地球霸主的延續、中國在本世紀中葉前爭亞洲領導權，中葉後爭世界領導權）。當然，掌控亞洲或世界領導權，是在兩岸已完成統一的前提，也就是天帝教的第二人間使命已達成。中國完成統一，表示中華民族復興、中華文化宣揚、中國成為現代化統一國家，已有相當高的國際權威和認同，馬雲說的「全球中國化」大概不遠了。

路雖不遠，至少還有幾十年，兩岸統一至少再奮鬥十年；而美國退出亞洲，中國完全可以領導亞洲，至少中國人再努力二十年，全球中國化是本世紀下半葉的事。

長路依然漫漫，不驚，天帝教同奮是中國人一支「強大的精神戰力」，中華文化是上帝的真道，有上帝加持助祐，中國不富強統一都難！

註 釋

註一 〈首席闡道—談宗教教化〉，《教訊》第四一三期（二〇一八年八月），頁一四—二〇。

註二 黃敏書採訪、蔡光貧攝影，〈天帝教「文昌祭」歷十五年、致力推廣品德教育向下扎根〉，《教訊》第三九七期（二〇一七年四月），頁一四—一九。

註三 陳福成，《中國神譜—中國民間信仰之理論與實務》（台北：文史哲出版社，二〇一二年元月）。

註四 天人親和院提供、光理首席使者核示，〈應元仙佛啟示〉，《教訊》第四〇五期（二〇一七年十二月），頁六八。

註五 《上帝的安排、奮鬥感應錄》（天帝教彰化天真堂發行，民國七十六年三月二十九日，十版），見〈復興先天天帝教緣起〉一文，頁一九—三六。

註六 同註三。

註七 廖敏樞，〈天帝教保生文化祭、塑造新營教院特色〉，《教訊》第三七五期（二〇一五年六月），頁三九－四一。

註八　二〇一七年「天帝教保生文化祭」，在《教訊》第三九五、三九六期合刊本暨三九八期，都有簡略報導，讀者可自行詳參。

註九　《天帝教教綱》（台北：帝教出版社，民國八十年七七修訂版），〈教程－祈禱親和須知〉，頁一九一－一九七。

註十　黃敏書採訪、林光曠攝影，〈天帝教保生文化祭、塑造新營教院特色〉，《教訊》第四一〇期（二〇一八年五月），頁五六－六一。

註十一　趙淑可，〈辭歲謝年慎本善末、送舊布新奮創道運〉，《教訊》三七一、三七二合刊（二〇一五年二、三月），頁六－八。

註十二　中書室、籌節會，〈歡度拜命首次中國年節、光理首席發表新春談話〉，《教訊》第四〇七、四〇八合刊（二〇一八年二、三月），頁六二－六八。

註十三　中華宗教哲學研究社資料提供、黃敏書採訪、蔡光貧、李光巡、吳靜聘攝影，〈外籍學人熱愛中華文化、國際道學首在台灣舉行〉，《教訊》第三八七期（二〇一六年六月），頁一一二－一一七。

註十四　台灣燈會天帝教燈區籌備委員會、神培班第十三期學員提供資料，編輯部整理，李光巡等八人攝影，〈本教首與台灣燈會、廿字燈組中外驚艷〉，《教訊》第三七三期（二〇一五年四月），頁一七—二六。

註十五　中書室資料提供、梁雪民採訪、林光曠、林光瓌攝影，〈輔元輔教證道二十週年紀念、二〇一七年坤院年會成果聯展〉，《教訊》第四〇四期（二〇一七年十一月），頁一一—一二。

註十六　同註十三。

第八章 上帝旨意：中華文化、民族復興與中國統一

在第二章已談過神諭聖言與第二人間使命，其他各章也按文意脈絡的需要，偶爾略為一提。在本章針對「上帝旨意」來研究， 上帝是宇宙間最高的神，所以天帝教《教訊》中有眾神真言聖訓，也都是傳達 上帝的旨意，經由天帝教的侍光、侍準、侍筆等「專業侍生」，用人的語言文字傳給天帝教同奮，再傳到全人類。（註一）

但「上帝的旨意」又是什麼？基督教也有「上帝旨意」，天主教也有「上帝旨意」。摩門教、猶太教都有，應該和天帝教「上帝旨意」不同，因為是不同的上帝。所以，這裡的上帝是按天帝教教義來講，地球上各宗教的上帝名稱雖異，但都源指同一個上帝，也就是萬天至尊道統始祖宇宙主宰玄穹高上帝，

稱「天帝」或「上帝」，正是先天天帝教第一代教主、中國人自古（詩經時代或更早）以來，齋戒沐浴以事上帝的上帝，中國人事奉玄穹高上帝（天帝）已有五千年，上帝佑我中國，愛我中華民族實為當然，天經地義之事！

「天帝愛我中華民族，尤其愛我中華文化的老根，因為中華文化就是　上帝的真道。而中華文化的老根正厚植在今天的台灣……」（註二）這是涵靜老人在民國七十年五月廿八日，〈復興先天天帝教緣起〉一文所說，後來在《教訊》文章中都經常重述強調，以強化同奮的認知和信念。

本書所述「上帝旨意」當然就是玄穹高上帝的旨意，眾神的旨意也是奉上帝旨意而來。上帝愛我中華民族，愛我中華文化，乃特准天帝教復興，到人間完成第二使命（第一使命和第二使命可合稱搶救三期末劫）。在眾多的上帝和眾神真言中，僅針對中華文化、民族復興和中國統一相關真言，舉其極少量誦讀與領悟，讓更多的中國人知道這「上帝的真道」。（註三）歸納真言的發話者，約略可分三類：（一）　上帝親自發話或主持會議有所聖示，由眾神傳達到人間；（二）極初大帝真言；（三）眾神真言。

壹、眾神傳達　上帝垂詢及召開會報的聖示

上帝在人間重大節日慶典、重大事件發生或有關天帝教人間使命碰到極大困境，　上帝都會親自有所聖示。每年巡天節　上帝也會巡行宇宙各處，甲午年（二〇一四、民一〇三年）巡天節　上帝巡行本太陽系，按極初大帝傳示，上帝這次以兩天時間，分別在不同星球、區域、國度與天帝教各掌院、道場，召開廿六個性質不同的會報；極初大帝希望大家把握恭迎、恭送聖駕期間的道緣，默默把一年來自己的奮鬥成績，如保台護國等真誠稟告，表明心跡，自然會得到　上帝加持與助道。（註四）在眾多　上帝聖示真言中，略選以下五篇。

平衡兩岸視野差距

首席正法文略導師：

一〇四年二月十三日

甲午年十二月二十五日寅時

上帝垂詢人曹道場天極行宮工作成果與發展方案，聖示：人曹道場……強化玉靈殿三大特定任務，廣開台灣意識之路，倡導蓬萊天命思維，平衡兩岸視野差距，克竟保台護國使命……

善引契機創新活路

萬靈兼主：

一〇四年二月十三日
甲午年十二月二十五日巳時

上帝於玉成殿召開「兩岸會報」，聖示：甲午年人間動盪不安，台灣更是民心思變……執政之國民黨必須改變思維，須喚醒黨魂，重拾中山真人「和平、奮鬥、救中國」遺願，強調追求國家統一的初衷，有信念，有理想……

和解共生扭轉僵局

極初大帝：

一〇四年二月十三日
甲午年十二月二十五日巳時

教主　上帝召開「兩岸會報」，補充說明：台灣要揚棄藍綠對立，轉向和解共生，以面對大陸崛起。兩岸共同發展新的中國觀，才能扭轉僵局，誠信談判，重建新局……共商兩岸「人民有感，利益共享」的交流政策，一面務實開拓國際空間，建立國家認同與自信……

貫徹執行保台方案

中山真人：

一〇四年二月十三日
甲午年十二月二十五日巳時

上帝於玉靈殿召開「保台方案會報」，聖示：時代在變，潮流環境也在變，當前中國大陸的國力，已躍居世界強國，無形保台方案更有存在的必要。天人務必貫徹「確保台灣復興基地，完成兩岸真正和平統一」為不可變之決策。

促進宗教對話會通

玄玄上帝

一〇四年二月十四日
甲午年十二月二十六日辰時

上帝於北京召開「全球宗教會報」，聖示：召見全球世界性宗教之領導人，分別加錫紫金光十道，表彰為宗教奮鬥，犧牲奉獻之精神……各宗教勿忘立教精神，展現關懷人類，關懷國家，關懷社會，穩定人心的中堅力量，革新世風，擇善固執，帶領人類創建廿一世紀新文明……

每年巡天節　上帝都很忙，比所有人類都忙，因為人類的偏見製造太多問題。看看甲午年巡天節　上帝忙什麼?召開「太陽系春劫救劫總會報」、「三曹會報總檢討」、「兩岸會報」、「保台方案會報」、「九大行星劫務會報」、「七政會報」、「清涼會報」、「地仙會報」、「地球文明暨天人實學推展總會報」、「全球核武軍備會」、「太空科技會報」……以及更多的召見天帝教同奮、巡行各星球、地球的三大洋、南北極，調和太陽活動的能量。（註五）可見上帝是多麼繁忙！而問題都是人製造出來，也等於給　上帝製造問題，人人都要好好反省自己！

貳、極初大帝聖訓

關於涵靜老人傳奇故事，在本書第一章和二〇一三年所出版的《天帝教的中華文化意涵》書上均有略說，不再詳述。「極初大帝」是涵靜老人於民國八十三年十二月二十六日歸證回天後，到丙戌年十二月二十五日、即二〇〇七年（民96）二月十二日，　上帝所封的聖名。在各期《教訊》中，有很多文章都永不中斷的在闡揚、研究、詮釋涵靜老人的思想和著作。受　上帝晉封後，以「極初大帝」傳示聖訓真言，在《教訊》中的篇數最多，此乃當然，他是天帝教在地球復興後的第一任首席使者，他和天帝教同奮有最深厚的因緣。何況，沒有涵靜老人就沒有天帝教，他當然有最多「發言權」，他的言論也最有高「權威性」。在各期《教訊》中，極初大帝聖訓恐有千篇以上，以下舉其少許。

廿字教化端正世風

極初大帝：

一〇四年三月二十四日
乙未年二月五日午時

中華天帝教總會義不容辭，承擔起社會教化功能，以恢復中華文化傳統為己任……落實廿字真言教化，即從自選之二字著手，規範一己身心言行……希望藉由祭祖大典之啟發，全教同奮腳踏實地，團結奮鬥，最後一定可以完成「黃胄一統，中華文化復興」的祈願！（註六）

這篇聖言是涵靜老人於民國一〇四年、一一五歲誕辰傳示同奮的真言；老人家位證無形，仍念茲在茲中國統一使命。筆者注意到「希望藉由祭祖大典的啟發……完成『黃冑一統，中華文化復興』的祈願」，這句中的邏輯因果關係，祭祖和中華文化復興國家統一是「因果關係」。（第十章再論）

把握救劫天命、化危機為轉機

極初大帝：

一〇四年九月二十九日
乙未年八月十四日巳時

經過近七十年的考驗，在在證明　天帝鍾愛中華文化的老根台灣，因而恩准先天天帝教復興於斯……同奮們要奮起努力啊！透過祈禱誦誥、弘教渡人，確保台灣復興基地，完成三民主義統一中國的目標，方得以真正化延核戰毀滅浩劫，搶救天下蒼生！（註七）

苟安鄉願之風瀰漫、削減救劫正氣力量

極初大帝：

一〇六年五月三日

丁酉年四月八日午時

「中華一家」是本席駐世人間九十四載的遺願，相信同奮研究本席於人間奮鬥的史實，必能了知本席一生謹遵天命，服從師命……同奮已有定力不足者，道心退卻，奮鬥心志不再，逐漸退出奮鬥的行列，不再堅守奮鬥的崗位，實質減弱了對本教救劫天命、二大時代使命的救劫力量……（註八）

從《教訊》不少文章和無形界傳來聖言，看得出涵靜老人和部分同奮都有很深憂患意識，筆者以為這是正面的心態，如佛法所述「煩惱即菩提」的道理。但也看得出，這憂患意識中涵有很大的危機感，如極初大帝這真言，同奮退出了，可能是對「二大使命」的質疑！乃至有的受到台獨思想的洗腦！天帝教有危機嗎？詳見末章總結。

兩岸自由民主和平、同奮方能安心修道

極初大帝：

一百年九月二十九日
辛卯年九月三日巳時

天帝教不參與政治，但要關心政治，影響政治，希望同奮明白有廉潔賢能的領導者，有立足台灣，胸懷大陸，放眼世界的宏觀思維，才能配合本教保台護國使命，早日完成兩岸真正和平統一目標。台海兩岸自由民主、和平共榮，才是台灣前途之所在，同奮也才能安心修道……（註九）但天帝教的搶救三期末劫，是人類歷史上最偉大的「政治工程」。

參、來自眾神的眞言

除　上帝和極初大帝以外，出現在《教訊》上的天上眾神很多。如：首席正法文略導師、一炁宗主、慈恩聖母、中山真人、中正真人、首席督統鐳力前鋒、三期主宰、太虛子、玄玄上帝、濟佛祖、先天一炁機禪子、維佛法王、南屏濟祖、紫微大帝、萬法教主、應元都天少皇、無始古佛、先天一炁金玄子、維生天赦廣化真人、先天斗姥大聖元君、天人教主、龍虎都令特使、玄天真武大帝、九天玄女、萬靈兼主、瑤池金母、崑崙老祖、先天一炁玄靈子、先天一炁玄福子、先天一炁流意子、先天一炁流道子、鎮河守嶽少皇、太陽星君、太陰星君、冥王星君、崇道真人……在《教訊》還有更多，無從統計列出，另在《天帝教教綱》亦有眾神節慶。

在天帝教眾多天界神祇，筆者特別敬服慈恩聖母（坤元輔教、智忠夫人，天帝教同奮尊稱師母），即涵靜老人李玉階先生駐世時的妻子過純華女士。這位了不起的女性（可能是空前絕後的），至今天帝教同奮仍說：「沒有坤元輔教（師母），就沒有天帝教的復興！」（註十）這是事實，各期《教訊》也常有她的傳奇故事和證道後的真言。她以偉大的妻子成就了極初大帝；以偉大的母親成就長子維生為天帝教第二任首席使者，成就另一個兒子成為電影大導演李行（維光樞機）。這樣偉大的妻子和母親，中國歷史上的夫人、媽媽們，可有類似第二人乎？以下仍舉眾神之中，極少數位真言，以啟蒙眾生。

凝聚人氣普濟幽冥、天人同步淨化陰靈

慈恩聖母：

一〇七年八月二十五日
戊戌年七月十五日戌時

同奮踴躍參與戊戌年中元龍華淨化法會，天安太和道場凝聚人氣滿滿，完成天人同步之「淨化」作業，吾甚感欣慰，恩師一炁宗主更是喜悅……天、地人三曹道場天人相親、天人相應，三曹同步共振，無形應化有形，有形配合無形。（註十一）

團結奮鬥百磨不折

玄天真武大帝：

一〇四年二月十二日
甲午年十二月二十四日亥時

甲午年巡天節奉御命擔任前導，淨化諸方，綏靖四境，同迎教主　上帝巡天。所謂「眾志成城」「團結力量大」，天帝教同奮之來根，皆為修煉有成之證道靈；此番下凡紅塵，係為搶救三期而來。際此魔氛高漲，

人心陷溺之亂世，儘管來根不凡，人事上更須要凝聚「團結奮鬥」共識……（註十二）

中美關係影響全球、和而不同萬民是幸

玄玄上帝：

一〇六年四月二十六日
丁酉年四月一日午時

在全球關注下，美國總統川普與中國國家主席習近平舉行峰會……中華文化是世界最悠久的重要文化之一，世界各國早就興起學習中文、學習中華文化的風潮。中華文化的世紀已然到來。中華文化的老根在台灣，天帝教同奮更要奉行人生守則的中華文化精華，並教育子女，由一家興孝而一國興孝，由一生一祥而芸生凝祥，則何厄不滅，何劫不滅，任重而道遠！（註十三）

文化失根隱憂浮現、中華一統天命待圓

中山真人

一〇六年九月十九日
丁酉年七月二十九日午時

中國大陸發生不可思議的思潮變化；三民主義已成顯學，並於全球普設孔子學院廣推中華文化；反觀台灣，反行其是，背道而馳，極初大帝與吾等皆表憂慮……回歸帝鄉的奮鬥目標，達成「三民主義統一中國」、「行宇宙真道重光地球」，天與人歸！人與天歸！（註十四）

小結

本文試圖經由　上帝和眾神真言，理解「上帝旨意」。原來，「上帝者，全宇宙間性靈之主宰，為調和自然律之最高執行者。神佛者，執行上帝旨意之天使也。」（註十五）這「上帝旨意」核心價值正是「中華文化與中華民族復興、完成中國統一」，最後才是世界大同，因為中國和平繁榮，世界才能和平繁榮大同，可以從兩方面溯源「上帝旨意」。

第一、上帝悲憫人類的三期末劫，才有天帝教重來人間，承擔起這項時代的重大使命，當然就是天帝教的天命：「為拯救天下蒼生、化解核戰毀滅浩劫，再造和平一統之中國暨繼開　天帝立教之道統，傳佈宇宙大道，窮究天人文化，縮短天人距離，以期宗教大同、世界大同、天人大同。」（註十六）這是上帝旨意，範圍極為廣泛，但核心內涵不外「二大人間使命」。

第二、上帝愛我中華民族，愛我中華文化，中華文化就是　上帝的真道。當然，復興中華文化和中華民族，促成中國統一，實現中國夢想，也會是上帝旨意。

本文所示眾神真言聖示，一言蔽之曰：「上帝旨意」，搶救三期浩劫，完成人間二大使命與三大特定任務。說白了，這不就是習近平的「中國夢」和「人類命運共同體」嗎？有　上帝在最高調和自然律，有神佛執行上帝旨意，有天帝教同奮天人同心努力奮鬥，上帝旨意必能實現——不會拖太久！

註釋

註一　上帝的訊息如何傳達到人間？途徑為何？可看《天帝教答客問》小冊（台北市掌院編印，民國九十六年七月一日），第九問答。另《教訊》第四一一期（二〇一八年六月），〈「天人交通機」專刊〉可詳閱，頁一七—四四。

註二　《上帝的安排、奮鬥感應錄》（天帝教彰化天真堂，民國七十六年三月二十九日，十版），見〈復興先天天帝教緣起〉一文，頁一九—三六。

註三　《教訊》每一期都有「上帝或眾神」真言，少則十餘，多則數十，四百多期以來恐有上萬篇，本文只能舉近年數期少許。

註四　本項眾神傳達上帝召開會報的聖示，都刊於《教訊》第三七一、三七二期合刊（二〇一五年二、三月），〈甲午年巡天節聖訓〉，頁一五—四〇。

註五　同註四。

註六　《教訊》第三七四期（二〇一五年五月），頁一九。

註七　《教訊》第三八〇期（二〇一五年十一月），頁五九。

註八　《教訊》第三九九期（二〇一七年六月），頁五七—五八。

註九　《教訊》第四〇三期（二〇一七年十月），頁一二二。

註十　〈緬懷坤元輔教證道20週年「坤元日」專刊（上）〉，《教訊》第三九九期（二〇一七年六月），頁一六—三二。

註十一　《教訊》第四一四期（二〇一八年九月），頁三二。

註十二　同註四，頁一七。

註十三　同註十，頁六〇—六一。

註十四　同註九，頁七九。

註十五　李極初，《天帝教教義—新境界》（台北：帝教出版社，一九九九年十二月，三版二刷），頁九〇。

註十六　天人訓練團，〈三民主義如何統一現代中國〉（黃河九曲終歸東流），《教訊》第四一四期，頁二一—二九。

第九章　中華文化的天人關係

地球上各民族，甚至各國、各地區、各宗教都有不同的天人關係，這是各民族、種族在不同時空環境中，由於人文、地理的不同，經過千百年所形成的多元特色，廣義而言就是文化特色。

天帝教所述的天人關係當然就是中華文化的天人關係，在本質上是無可質疑的，是從中華文化的土壤養分中發展出來，尤其經由涵靜老人的講解才系統化。這道理很簡單，中華文化上下五千年，從堯舜禹……元明清，加上西洋傳來，成為一種「雜家」。更嚴重的，中國從滿清中葉後失去了民族自信心，把自己的文化打成封建、落伍的「破鞋」，欲去之而後快，中華文化的天人關係淪為「裝神弄鬼」的把戲。

在研讀近百期的《教訊》後，我感到很意外、很欣慰，天帝教大德們依據涵靜老人的思想體系，整理出很完整的「天人之學」，這不僅是天帝教的「宗教財」，也是中華文化的「文化財」，更是中華民族的寶貴資產。在《教訊》第三九三、三九四合期，提到「天人之學」最早由漢儒董仲舒提出。（註一）但董仲舒天人之學說些什麼？本文先略為概述。

董仲舒，約生於漢文帝元年（前一七九年），卒於漢武帝太初元年（前一〇四年）。廣州人，少治《春秋》，孝景時為博士，武帝時舉賢良對策。著《春秋繁露》，歷史上有「孟子後一人」之評價。

董氏的天人學說一半源自他之前約一千年的中國人「天人觀」，如《周易》。一半是時代所需要，戰國後君權漸張，為防專制流弊，警告暴君，用天的觀念解釋「革命」；或用擁現政權，以天解釋「受命」。董子的天人關係有「天、天子、人」三層關係：（註二）

◎天↓天子：限制關係：一曰推翻政權，「夏無道而殷伐之，殷無道而周伐之，周無道而秦伐之，秦無道而漢伐之，有道伐無道，此天理也。」又曰監督政事，「國家將有失道之敗，而天乃先出災害以譴告之。」

◎天子↓天：事奉服從關係：「天子號天之子」、「宜事天如父，事天以孝道也」，指天道仁慈，天子須體天之意，行仁德之政；法天，「為人君者其法取象於天」、「王者承天意以從事」。

◎天子↓天、人：媒介關係：「天子受命於天，天下受命於天子」、「春秋之法以人隨君，君隨天」。

另董子天人學說還加入陰陽、五行、四時概念。整體來看董子思想，距今二千年，甚為原始且政治之用大於宗教之用。天帝教的天人之學穿透五千年中華文化，滙集成涵靜老人的宗教思想體系，不僅合於時用，對未來也俱有發展性，每年的「天人關係」學術研討會，發表極多學術論文，都不斷在充實、闡揚中華文化的天人之學，也是天帝教的天人之學。

第36期「天人親和體驗營」大合照

壹、天帝教天人之學的體系和範圍

早在華山時期，涵靜老人辭官攜眷，在華山看守西北門戶，已開始參悟宇宙境界，窮究天人關係，思索天人文化，建構成現今天帝教的天人實學總體系。此一體系主要

有：（註三）

◎**道統—大經**：以天帝教教義《新境界》為代表，即為結合哲學、神學、科學的新宗教哲學思想體系，為搶救三期末劫弘教之理論根據。

◎**法統—大法**：就是《天帝教教綱》，是啟迪布化的依據，也是天帝教的基本法，甚至可以說是天帝教的憲法，全教運作的制度依據。

◎**炁統—大寶**：就是《宇宙應元妙法至寶》，是靜坐修持昊天心法救劫急頓法門的寶典。

依據總體系，發展成四大領域：天人合一、天人文化、天人親和、天人炁功；因而在天人研究總院，下設立：「天人研究院」、「天人文化院」、「天人親和院」、「天人炁功院」、「天人研究學院」。後來為因應培育人才需要，增設「天人修道學院」、「天人訓練團」。

有了天人組織體系，涵靜老人開始講授「天人之學」內容。老人家在天人研究總

開幕式左起牛文君副教授、袁保新教授、一華塔陳真董事長、具豐科技楊曉寅董事長。

院授課，從一九九一年（民80年）十月一日到一九九四年（民83年）三月一日，總計有五十七講。其中五講，是開學典禮訓詞，其餘則分五單元：

◎天命奮鬥與時代使命研究共十一講。

◎天人合一理論研究共四講。

◎精神講話共十三講。

◎我的天命共十四講。

◎昊天心法與急頓法門共十講。

天帝教極院天人研究總院專研同奮，將五十七講的上課錄音譯成上下二冊，於一九九九年十月付印，呈無形奉名為《天人學本》。二〇一二年二月，將口語語句稍作修潤，重新編纂為三冊，由帝教出版公司以精裝版廣為公開發行。

《教訓》406期，78頁　與會學者於開幕式後大合照

天人之學乃大宇宙之學，有形無形界大自然之學，可謂玄妙無比，無邊無際，非科學知識所能窮究。涵靜老人各種著作中，以《天人學本》對天人關係研究最全面、最完整。天帝教同奮有幸可以站在巨人的肩膀上，由天人研究總院以下各專門單位分

各領域去研究，以期揭開宇宙之奧祕，促進天人關係，早日完成時代使命。

◎**天人文化院**：窮究宇宙最後真理。

◎**天人親和院**：探求宇宙奧秘，促進星際交流，溝通天人文化以及培養新時代之天人交通技術人才。

◎**天人合一院**：在追尋性命雙修，守和全形，超凡入聖，回歸自然之修煉。

◎**天人氣功院**：研究以天帝教特有的精神治療，替人治病，為宏教先鋒。

◎**修道學院**：為培養真修實煉神職人才。

◎**天人訓練團**：短期研究之教育訓練機構。

總的來看，天人研究總院各院，總在通過科學、哲學、神學研究，結合現代新科技，連結形上形下，揭開自然玄妙，為天帝教精神教育之最高學府。在天帝教歷任首席使者領導全教同奮努力下，開展出許多天人研究大舞台，都有極高國際學術水準，吸引不少國際知名學人研究中華文化，尤其研究中華文化中的天人關係。這對天帝教之宏教、追求人間使命，特別第二使命追求中國統一，都是極大的鼓舞。按《教訊》

刊出訊息，本文略述後面幾項。

貳、中華文化與天人合一國際學術研討會

天帝教有不少以涵靜老人之名所舉行國際會議，如「第一屆涵靜老人講座：海峽兩岸生命文化系列」、「涵靜老人宗教學術研討會暨宗教聯誼會」、「第十屆天帝教天人實學研討會暨紀念涵靜老人」等，筆者在《天帝教的中華文化意涵一掬一瓢《教訊》品天香》一書，已有略述。（註四）這種有規模、有水準的國際學術研討會，天帝教同奮不遺餘力的辦，真是很多很多！數十年來舉之不盡，述之不完！對宏揚中華文化和宣揚天帝教第二使命幫助很大。以下僅簡述第二屆中華文化與天人合一國際學術研討會。

《教訊》第三七一、三七二合期本，有三篇報導文章，記錄「二〇一五年第二屆中華文化與天人合一國際學術研討

光照首席致詞時說：藉由學者們精湛的研究，相信對天人合一思想必有實質的貢獻《教訊》371.372合期，41頁.

會」概要經過。（註五）

這次會議同時也是紀念涵靜老人證道二十週年，二〇一五年元月九日起三天，在鐳力阿道場隆重舉行，有來自美、歐、日和兩岸學者參與，發表論文總頁數近有九百頁，真是創了空前紀錄。

光照首席使者在致詞，當然再一回述說涵靜老人的奮鬥歷程與天命。為搶救三期末劫而奮鬥，帶領全教同奮每日祈禱，祈求世界和平、中華一家、兩岸能夠盡早統一，達到和諧、共生共榮的境界：

> 涵靜老人認為天人合一是中國人的思想最重要的觀念，天人合一即是透過物質世界，進而進入精神世界，達到物質世界與精神世界合而為一……對於「中華文化與天人合一」主題，涵靜老人以六十八年真修實煉的經驗心得，留下很多寶貴的資料，光照僅提出二段……

光照首席所述兩段話，都在天帝教道統大經《新境界》中。第一、我們中國老祖宗五、六千年來，一直認為在物質世界之外，還有一個精神世界的存在，即是先有無形宇宙，後有有形宇宙，所以中國人的思想一直以天人合一為最高境界；第二、生命的目的與價值，老實說：在於生前要做一個堂堂正正頂天立地的大丈夫，死後即可自救其靈魂；如能先盡人道，再修天道……終必超脫物理世界的束縛，自自然然，氣化而形神俱妙，長生不死，進入天人合一的永恆精神境界。

筆者才疏智淺，雖是正式皈依的佛教徒，但對佛法認識仍極有限。光照首席所說「超脫物理世界的束縛……長生不死」，是否就是佛教《心經》所說「諸法空相。不生不滅……乃至無老死。亦無老死盡……能除一切苦。真實不虛」？這是天人合一嗎？

第二任首席使者維生先生口述這篇文章，〈和平奮鬥救中國、道蒞天下安平太〉，有宗教、政治哲學和大戰略高度。（註六）他從戰略視角談孔子、老子，在《老子》三十五章說的「安、平、太」是中國戰略主體精神，《論語》中「足食、足兵、民信」是三大政治戰略，而「民信」是不可撼動的大戰略柱石。筆者早年亦研究戰略，並在民國八十五年元月親訪戰略家鈕先鍾先生，談「國家安全與戰略關係」主題。（註七）如今比較二大名家，維生首席用功於「大戰略」和「國家戰略」，鈕先生用功於「軍事戰略」和「野戰戰略」；鈕先生是純粹文人戰略家，維生是戰略家兼宗教家、思想家，筆者有幸和這兩位世間高人都有過一面之緣。

維生先生在二〇一五年「第二屆中華文化與天人合一國際研討會」閉幕致詞表示，「道蒞天下」是此次會議主題之一，也是兩岸發展的共同方向，其致詞內容範圍很廣。本文引其一小段「關鍵句」。

習近平先生目前提「一路一帶」。何謂「一路一帶」？是歐亞大陸的一條絲綢帶，一條海上的絲綢路；一條絲綢帶是陸上走，絲綢路是從海上走，是兩條不同的路。這兩條路都往西方走，如何走？我做了一個分析。這個將來的發展不僅是兩岸的問題，將會是世界的新戰略。但對兩岸來說，目前兩岸都有一個共同精神「中國文化」，以「中國文化」做為核心。我們建議以「道蒞天下」為方向，未來以中國文化為核心的道——「道蒞天下」，這才是未來中國的前途，而不是「霸蒞天下」；因為，道是宇宙的終極關懷。

維生先生在該文回憶倪搏九參事所言，「玉老，他是一位中國文化的傳承者，天帝教是中華文化的老根。」以及孫中山先生臨終前留下「和平、奮鬥、救中國」，也是父親（涵靜老人）終生追求的目標。維生先生希望大陸不要走「力勝」和「威勝」，兩岸一定要走「道勝」，這當然是最好，誰也不想打仗死一堆人。但筆者以為，道勝背後仍要力勝和威勝支持，道勝才有可能實現。

參、道學與國際道學研討會

各民族、各教派都有不同的「道」，道學體系當然就不同，其天人關係都有不同的論述。本文談的是中華文化的道學，但歷史上有謂「儒、佛、道」是中華文化的三個核心思想，而三者的「道」都各自成一家思想體系，只有少許類似，本文所述之「道學」，主要還是道家的道學，道家的天人關係。

道家的兩個代表人物，老子和莊子兩家思想，講道學通常以老子為主。老子仍承認政府的存在，類似西洋「小政府主義」，即「管得最少的政府是最好的政府」；而莊子已否定了政府的存在，等同西方「無政府主義」。

第 10 屆國際道學研討會舉辦地點—天安太和道場；該道場興委會主委林光鳴樞機使者，用心之至，恢弘呈現最佳會議場地，令人敬佩。

圖 1 / 大會海報 **《教訊》400 期，59 頁**
圖 2 / 劉正烝院長(中)、沈緒氣秘書長、趙凝感同奮(右)

《教訊》中有很多專家講中國傳統的道學，例如三七三期開始有呂宗麟教授（道名：緒麟）的道學七講，分別講原始、先秦、秦漢、黃老、丹學、宋明道學思想，及當代新道家思想。（註八）這些說來話長，只能以最簡要提示。

中國人談道家是以老子思想為主流，老子思想中的兩個基本概念是「無」和「反」。政治哲學以「無」為依據，宇宙間「有生於無」，萬物都保持「清靜無為」，回歸自然；「反」，「反者道之動，弱者道之用」，亦有反文明、反知識，回歸自然之意。老子的自然觀，正是中國所說的「自然」。可以說道家的天人關係就是自然：

◎**「人法地，地法天，天法道，道法自然。」**（《道德經》第二十五章）。

◎「天之道，損有餘而補不足；人之道則不然，損不足以奉有餘。」（第七十七章）。

老子所說的「無為」，並非什麼都不作為，「道常無為而無不為」（第三十七章）。按呂緒麟教授的理解，這種境界可以「無不為」，正是天人合一的表現，而這種人就是道家理解的「聖人」。（註九）筆者所理解，老莊思想中的「自然」觀，較接近哲學上的天人合一，並非神學上的天人合一。

「國際道學研討會」，始自波士頓（二〇〇三年），接著大陸青城山（二〇〇四年）、巴伐利亞女人島（二〇〇六年）、香港（二〇〇七或八年）、大陸武當山（二〇〇九年）、洛杉磯（二〇一〇年）、大陸南嶽衡山（二〇一一年）、慕尼黑的阿默湖（二〇一二年）、波士頓大學（二〇一四年）舉行。第十屆國際道學研討會，在天帝教天安太和道場（在苗栗三義風景區）舉行，第十一屆在法國，以下簡略記述這兩屆。

《教訊》387期，21頁.

第十屆國際道學研討會於二〇一六年五月二十六日到二十九日，在天帝教天安太和道場舉行，計有二十個國家，一百七十位以上國際學人齊聚一堂，專研中華文化。（註十）這是國際道學研討會首次在台灣舉行，因緣於該會創辦人柯恩博士於二〇一五年初，參加天帝教辦的「第二屆中華文化與天人合一國際學術研討會」，曾到天安太和道場，睹鍾靈毓秀的環境，商訂第十屆能於此舉行。

四天研討會成果豐碩，可見《教訊》三八七期報導，大批熱愛中華文化的國際學者，他們熱愛吾國的古聖先賢，孔子、孟子、老子、莊子……但現在台灣的台獨執政者把古聖先賢全打為「外國人」， 上帝將會做出怎樣的反應？

第十一屆國際道學研討會於二〇一七年五月十七日到二十日，在法國楠泰爾（第十一）大學舉行。天帝教輔翼組織中華民國宗教哲學研究社（宗哲社），由理事長劉通敏博士率團參加，並發表三篇論文。（註十一）這又是一個宣揚中華文化的機會，尤其天帝教的教義、人間使命等，再一次在國際盛大場域，讓各國學人加深理解，相信其影響力是很大的。

肆、天人實學，天帝教研究天人關係最專業的場域

無疑的，「天人實學」是天帝教研究天人關係最專業的場域，從民國八十七年十二月十二日第一屆研討會，之後成為「年會」，是天帝教每年度的文化盛典。筆者在第一本研究專書《天帝教的中華文化意涵》已有專章略說。（註十二）本文再介紹近期兩屆盛況。

光照首席（左五）偕同李嗣涔教授（左二）及大德、同奮們於清涼殿前大合照。

邱光劼樞機在閉幕典禮，勉勵相關同奮

第十四屆天人實學研討會，二〇一五年十二月十八日到二十日，在天安太和究總院邀請三位「重量級」貴賓演講，第一位是天主教梵蒂岡宗座科學院總主教

索龍多（Marcelo Sanchez Sorondo），以「理性與信仰」為題，首次在天帝教演講。

第二位是台灣大學前校長，現任台大電機系教授李嗣涔，講題「一物兩象─手指識字及念力的可能生理機制」。第三位是台大物理系教授孫維新，講題「大自然中參科學禪」。這些專家經由現代科技，發現不少天人新關係。

李嗣涔教授引述的資料多元又豐富

此外，這次研討會，天人總院各院發表的論文，繽紛多元，數量驚人：天人親和院有九篇、天人文化院有八篇、天人合一院有九篇、天人炁功院有七篇。（註十三）《教訊》三八二期報導很詳實，光照首席致詞，再一次強調天帝教的第二人間使命，兩岸和平統一，攸關救劫弘教前途至大，同奮必須持續奮鬥。

第十六屆天人實學研討會，二〇一七年十二月十五日起，在鐳力阿道場舉行，多篇文章談第二人間使命，「和平統一天道軌跡」。（註十四）即兩岸統一是自然的、是天道，不統一乃「逆天」而行，必受天譴，因為兩岸同文同種、同是中華民族、同一家人、同一倫理。

追求天人合一境界，當然是順天、順自然，這是一個很簡單的道理；逆天、逆自然，「天」與「人」必分離，人往何處去？只剩地獄可去吧！

小結：「天人交通機」

我相信，不光是中國人在找尋天人交通的方法，不論是天人合一或天人對立，都要溝通、理解。地球上各民族、各教派都在做這樣的努力，天太大，宇宙無窮，奮鬥是永不休止的，努力要不斷堅持下去，最終要創造出一部「天人交通機」，讓天人交通更方便！

現在天帝教有了一部「天人交通機」。（註十五）這是「天人交通車」嗎？還是天人捷運？還是愛因斯坦的時光列車？

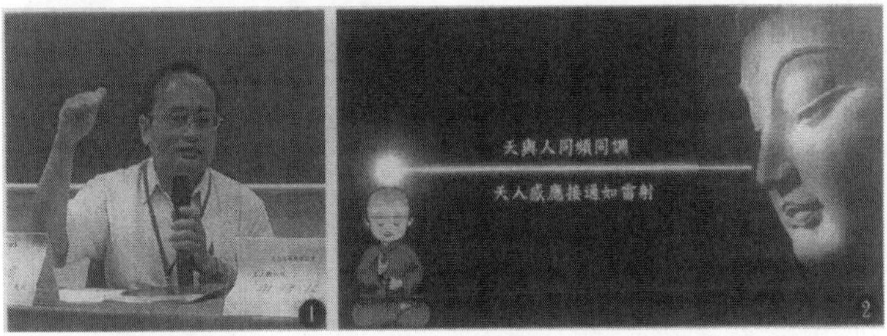

圖 1／楊緒貫教授一席「天人通訊的科學機制：量子糾纏」的講題，風靡全場。

圖 2／天人感應接通如雷射。

《教訊》411 期，27 頁

到底這是真實還是科幻？我看《教訊》第四一一期上，「天人交通機」專刊，幾篇文章不少超出我的知識領域。如〈宇宙科技磅礡探討、六場專題天人相應〉，是很高深的領域，「量子糾纏」愛因斯坦稱「鬼魅效應」，經半個世紀研究，科學家才慢慢知道真相。

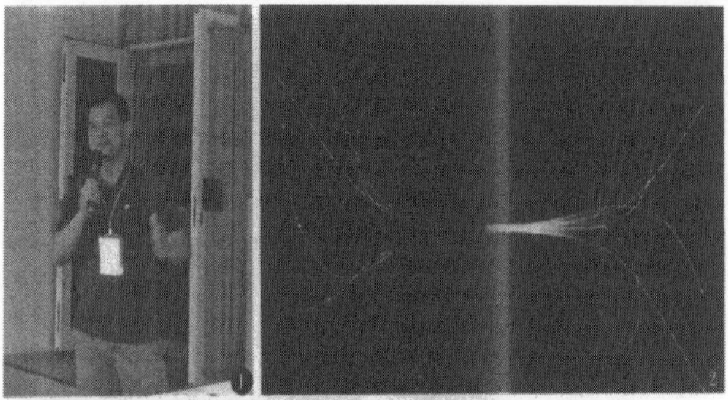

圖1/鍾[illegible]同奮以「天人交通機研發之回顧與展望」報告，令人耳目一新。

圖2/透過量子糾纏，不同次元訊息瞬間到達。

圖3/腦機介面。

《教訊》411期，26頁.

第二場研討會由天人文化院院長高光際書機擔任主持人。

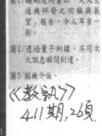

按劉緒潔講師所述，量子糾纏相關技術的發展，讓「天人交通機」研發，得以實現溝通天人之間的重要橋樑。（註十六）這是否表示，有了天人交通機，天人關係更佳或更方便天人合一？

本文主要在思索中華文化的天人關係，這當然也是天帝教的天人關係。「中華文化是 上帝的真道」，這麼說，世界各民族中，中華文化最接近上帝，中華文化講天人合一也是最自然的。

註釋

註一 中書室提供、黃敏書採訪，〈天人實學研討質量提升、感念前人種樹多元發展〉，《教訊》第三九三、三九四期（二〇一六年十二月、二〇一七年元月），頁七四—八一。

註二 陳福成，《中國政治思想新詮》（台北：時英出版社，二〇〇六年九月），第四篇，輯18：〈漢代重要政治思想家〉，頁二五二—二五四。

註三 均參閱註一同一篇文章。

註四 陳福成，《天帝教的中華文化意涵—掬一瓢《教訊》品天香》（台北：文史哲出版社，二〇一三年八月）；或自行查閱各期《教訊》。

註五　三篇報導文章、圖照，均詳見《教訊》第三七一、三七二合期（二〇一五年二、三月），頁四一—五六。

註六　維生先生口述、編輯部整理，〈和平奮鬥救中國、道蒞天下安平太〉，同註五，頁五一—五六。

註七　陳福成，《國家安全與戰略關係》（台北：時英出版社，二〇〇〇年三月），第一章，第一節。

註八　呂緒麟教授提供、編輯部整理，〈緒麟教授深研道學、精闢七講歡迎旁聽〉，《教訊》第三七三期（二〇一五年四月），頁五六—六二。

註九　呂緒麟教授提供，〈應運當代社會需求、先秦道家六家之首〉，《教訊》第三七四期（二〇一五年五月），頁五六—六〇。

註十　中華宗教哲學研究社提供、黃敏書採訪、蔡光貧、李光巡、吳靜聘攝影，〈外籍學人熱愛中華文化、國際道學首在台灣舉行〉，《教訊》第三八七期（二〇一六年六月），頁一一二—一一七。本期十二到四〇頁〈迎向國際〉多篇報導，都是此次研討會的記實，過程記錄很詳細，天帝教又一次大大宣揚了教史、宗旨、天命和二大人間使命。

註十一　中華民國宗教哲學研究社祕書處，〈國際道學研討炁功鍼心、論道施治弘揚天帝教化〉，《教訊》第四〇〇期（二〇一七年七月），頁五九—六一。

註十二　同註四，見第四章〈天帝教之天人實學〉。

註十三　第十四屆天人實學研討會文獻報導，可參閱《教訊》三七九期（二〇一五年十月），頁三三—三四；第三八二期（二〇一六年元月），頁一九—四九。

註十四　第十六屆天人實學研討會，《教訊》四〇六期（二〇一八年元月），頁三六—五三。

註十五　「天人交通機」專刊，詳見《教訊》第四一一期（二〇一八年六月），頁一七—四四。

註十六　同註十五，頁二九。

第十章　清明節祭祖，民族掃墓節至黃胄一統

清明掃墓是中華民族自古以來，重要的節日（也是「節氣」），正式的稱謂叫「民族掃墓節」。這「民族」，指的當然就是中華民族，但「掃墓」就是把墓掃一掃，燒些金紙，上三枝香，美其名曰「慎終追遠」，真有這功能嗎？又和復興中華文化與中華民族，與天帝教第二人間使命（反獨促統、中國統一）有何關係？

其實一般人在清明掃墓、祭祖，不會連接到「復興中華文化、復興中華民族」的高層次思想，更不會連接到天帝教的第二人間使命。但經天帝教同奮的努力、安排、設計，這些功能全彰顯出來了，讓人立刻和炎黃堯舜……有了心靈上的連接，成為促進第二使命的一種「生態力量」，這是天帝教辦祭祖大典了不起的地方。

壹、中華民族清明祭祖源流簡說

我國農曆三月初是傳統的民族掃墓節，也叫清明節，「清明」二字最初指的是「節氣」。我們老祖先經過長期觀察「天人關係」，大自然和人的關係，創製曆法，把一年分成二十四個節氣。（註一）這樣可以反映氣候變化和農業生產關係，也是人們生活和農業的遵行法則，在二十四節氣中，只有「清明」和「冬至」演化為節日。現在這二十四節氣，已被聯合國認證為中國第四大發明。

清明大約在「春分」之後，「穀雨」之前，換算國曆約在四月四日或五日。《淮南子》一書記載，清明在冬至過後的一百零六日，也是「春分」後的第十五日。此時，萬物潔淨，空氣清新，花草樹木呈現欣欣向榮景象，所以才叫「清明」。

清明做為節氣，只是一種時序的標誌；做為節日，則包含某種民俗習慣和紀念意

義，可以上昇到文化的層次。到底清明節是怎樣由節氣演變到節日？

根據《荊楚歲時記》說，離冬至一百零五天有風雨，稱這天叫「寒食」，要禁火三日，因寒食節和清明節日子相近，古人在寒食節的活動往往延續到清明節。久而久之，兩個節日成了無區別，後來清明節更完全取代了寒食節，大家也只過清明節。

中國人都過同一個清明節，但掃墓時間較有彈性，例如漳洲人在三月初三（俗稱三日節）掃墓，泉州人在清明掃墓。據說因為漳、泉兩族人常因清明買菜引發糾紛，彼此械鬥，所以官府出面調解，隔開了兩路人馬的掃墓時間。連橫在《臺灣通史》卷二十三記載：三月初三日，古曰上巳。漳人謂之三日節，祀祖祭墓。而泉人以清明祭墓，謂之嘗墓；嘗，春祭也。祭以餑餅，治牲醴，掛紙錢，歸乃食之，餑餅以麵為衣，內裹蔬菜，炸油者謂之春餅。嘗墓之禮，富貴家歲一行之，常人則兩、三年一行。婦孺歸時，各插榕枝於髻，以祓不祥。

清明節活動的主要意義，在「認祖歸宗、慎終追遠、民德歸厚」。但將清明祭祖以轟轟烈烈的壯盛「大典」呈現，讓人感受列祖列宗就在當下產生一股莊嚴威勢；又將中華文化的核心內涵注入在祭祖的活動中，讓祭祖成為一場壯大的中華文化盛宴，就只有天帝教有此能耐。

貳、中華民族海內外同胞聯合祭祖大典（一）

台灣地區的中華民族祭祖大典，於民國六十二年首度在台北舉行，由中華倫理教育學會和各界名流共同發起。接著承天主教于斌樞機主教倡導，各界響應奉祀「中華民族列祖列宗之神位」祭禮，是為「祭祖大典」之濫觴。自民國八十八年起，轉由天帝教承辦，注入鮮明又豐富的中華文化，不餘遺力，本文簡述最近四次實況。

。乙未年（民國一〇四年，二〇一五年），「中華民族海內外同胞聯合祭祖大典」，三月二十一日上午十點，在台中清水天帝教天極行宮道場舉行，副總統吳敦義先生為大典

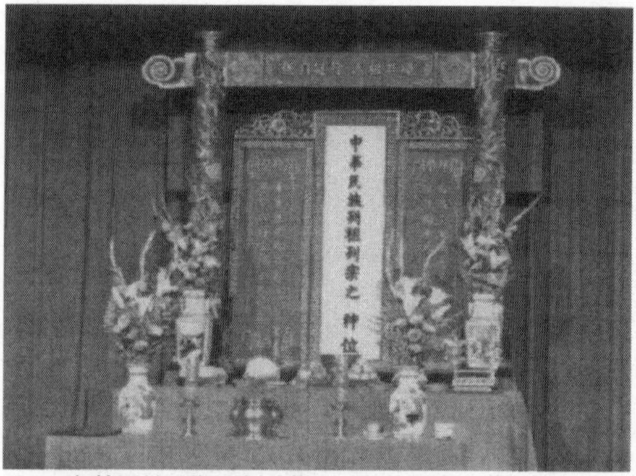

中華民族列祖列宗神位，屹立而坐，先聖先賢勤樸與仁愛的德風，永祚徵祥。

《教訊》373 期，10 頁

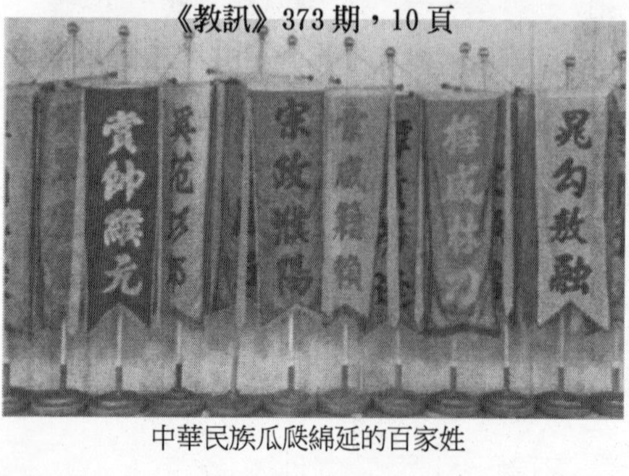

中華民族瓜瓞綿延的百家姓

之總主祭。（註二）

從儀禮鋪設看出天帝教同奮的用心與大器。主場地的兩側，高聳漢、滿、蒙、回、藏、苗、僮、傜、黎、高山族等各族旗幟。兩邊豎立代表中統一脈相傳的伏羲、炎、黃、堯、舜、禹、湯、文武、周公、孔子，以及國父孫中山先生等十二尊聖像，以昭示先聖先賢開創中華民族之貢獻。

祭祖大典循明朝古禮進行，全程由中華民國禮樂學會擔任指導，依迎神、初獻禮、亞獻禮、三獻禮次序，最後是送神和賜福禮，全程莊嚴隆重，感動人心。

丙申年（民國一〇五年、二〇一六年），中華民族海內外同胞聯合祭祖大典，三月十九日在天帝教天極行宮舉行，儀禮鋪設和過程如往昔一樣大器。各界參與加上歸國華僑，計有一千五百多人，場面盛大。

陝西省電視台全程拍攝台灣地區祭祖大典

圖 1 祭祖大典遵循古禮進行。圖 2 祭祖大典由台中市東山民俗樂團依儀典流程，伴隨莊嚴樂章。圖 3 祥龍獻瑞，象徵中華民族萬世永馨！圖 4 吳副總統特地贈送紅包給龍首，滿盈吉祥。圖 5 服務同奮不分乾坤，發心出力，服務至上。《教訊》373 期 11 頁

過程，中視公司也拍攝主要畫面，於清明時分與大陸連線，播放中華民族祭祖大典。主辦這種大典，要投入很大人力、物力、財力，天帝教同奮勇於投入承辦，是了不起的！

參、中華民族海內外同胞聯合祭祖大典（二）

丁酉年（民國一〇六年、二〇一七年），是天帝教承辦祭祖大典的第十九個年頭。讓人感慨的是，這類活動在台灣可能朝野各界沒有單位願意接辦，在「眾生皆醉」下，獨「我」天帝教清醒，仍有強烈使命感，所以天帝教同奮們無怨無悔的辦下去。老天爺、 上帝是否看見他們年復一年的苦幹實幹？

丁酉年中華民族海內外同胞聯合祭祖大典，由中華天帝教總會、中華倫理教育學會、中華民族禮樂學會與國際尊親會聯合主辦，三月十八日在天帝教台中市清水區的天

光理首席(中)率同與會貴賓們大合照

極行宮道場舉行。今年祭祖大典，恭請台灣大學前校長李嗣涔擔任總主祭。（註三）

儀禮鋪設，一如往常莊嚴與大器，主場兩側依然請出象徵中國文化道統之先聖坐鎮，伏羲、炎、黃、堯、舜、禹、湯、文、武、周公、孔子、孫中山等，有這些先聖先賢在，邪魔歪道要如何「去中國化」？

今年祭祖大典，由李嗣涔先生擔總主祭兼初獻主持，亞獻禮主祭者為天道總會點傳師呂錦昌先生，三獻禮是台中市政府民政局蔡世寅局長，賜福禮由天帝教劉光魯樞機使者擔任。主辦單位為擴大中華民族「民胞物與」的精神，在祭祖大典結束後，集合各參加團體，持續為「世界和平」祈福，至盼天清地寧，人民都能安和樂利。

《教訊》409期，57

光南樞機(左三)頒贈紅包給表演的小朋友，來自泰安國小、鐵山國小、馬鳴國小。最左為大朋友體育大學的學生。

二〇一七年祭祖大典，有來自陝西省電視台與中視公司全程錄影轉播。陝西和中視記者，特別在活動結束後，專訪天帝教第四任光理首席。

光理首席在專訪中，表示天帝教每年承辦祭祖大典，全程古禮遵循進行，目的是希望改善社會風氣，傳揚慎終追遠的中華倫理精神。再者，這套古禮若不傳揚，今後可能就失傳了，這是中華文化的損失，天帝教總會秘書長郝光聖樞機使者，在一篇文章中說，經人介紹中華禮樂學會理事長楊老先生前來指導，楊老先生對古禮持嚴格謹慎態度，對祭祖大典幫助很大。（註四）現在這套學問已經保存在天帝教同奮的腦海和檔案中，應該是不會失傳了，真是「好家在」！

光理首席(右五)與貴賓們合影《教訊》397 期，21 頁

光理首席(中)、中華天帝教總會理事長郝光聖與台灣大學前校長李嗣涔(左)合影留念。《教訊》397 期，21 頁

戊戌年（民國一〇七年、二〇一八年）祭祖大典，於三月十七日在天極行宮舉行，由天帝教前任首席使者童光照先生擔任總主祭，一如往年的莊嚴大器盛況。（註五）自民國八十八年起，天帝教承辦祭祖大典，與祭者前後已超過數十萬人，大家眼睛看著正前方斗大的字**「中華民族列祖列宗之神位」**；道場外的正門上方橫聯大字**「長期祈禱保台護國和平統一法會」**，右聯是**「佑三民主義統一中國」**，左聯是**「行宇宙眞道重光地球」**（如附圖照），這是強烈的心靈震撼和思想教育，對天帝教促進第二人間使命，自然會產生正面的支持力道。

小　結：中華民族列祖列宗是所有中國人的根

以上按天帝教《教訊》所刊載，最近四年在天帝教所辦中華民族祭祖大典盛況，略為轉記。筆者雖未

大合照左 1 上海涵靜書院潘德榮院長，左 2 華師大哲學系牛文君教授，左前 3 基金會黃牧紅秘書長，左後 1 基金會李顯光副董事長，後左 2 上海涵靜書院安倫副院長

親臨現場，但文獻資料會「說話」，光看《教訊》就已經有些激動，這本月刊若能在海內外廣為發行，不限於帝教同奮（筆者也不是），一定會產生更大些的影響力。

寫本文時，我一直在思考掃墓祭祖和復興中華文化有何關係？與民族復興何干？又和天帝教人關第二使命什麼關係？原來經由這個節日慶典，讓我們知道中華民族列祖列宗是所有中國人的根。一個民族不失根，多少航空母艦、多少帝國主義？也亡不了！

假如海內外中國人都認同堯舜禹孔子……這一脈相承的文化道統，假如大家都認同自己是中華民族的一員，是炎黃子孫好兒女，還會有人搞台獨嗎？還會有人要分裂國家民族嗎？

在台灣長大的年輕一代，被「去中國化」洗了三十年腦，絕大多數已沒有「根」的觀念。但只要一接觸天帝教，他們的「根」又回來了，他們會到神州大地找尋文化的根。二〇一八年三月一日到四日，天帝教的極忠文教基金會（簡稱「極忠會」）舉辦上海、蘇州「尋根幹訓」。他們說此行三大目標：（一）前往常州，亦即極忠會創辦人涵靜老人祖居，將分隔數十年後，由涵靜老人親撰的台灣《李氏宗譜》併入常州李氏宗祠；（二）採訪涵靜老人青少年時期在蘇州、上海足跡；（三）前往上海華東師範大學涵靜院，聯繫與討論新年度計畫。（註六）三大目標都源自「根」，根才是大戰略，根才是王道！

今天台獨在台灣就是要除去中國文化之「根」，所以「去中國化」是全面性的「除根、斷根」大工程。教科書上把中國史推出去成「東亞史」，在民間信仰上搞「去鄭成功化」、「去孔化」、「去媽祖化」……台中市長林佳龍要拆掉台中孔廟，恢復日本時代神社，祭拜日本天皇。（註七）中國的先聖先賢未見民進黨有誰拜過，一個日本人在台灣說「治水」有功（八田與一），偽行政院長賴清德親自去祭拜。（註八）日本人在台灣就算有建設，也是為南侵，為進一步侵略中國之用，這些動機都是極為邪惡的！

只願來年清明祭祖掃墓時，或有參加天帝教祭祖大典者，當你看到正前方「中華民族列祖列宗之神位」大字，會有多幾個人頓悟。原來，自己體內流著炎黃的血，是道地的中國人，無論如何「換血」還是中國人！

大家記得極初大帝傳來聖言：「藉由祭祖大典之啟發，全教同奮腳踏實地，團結奮鬥，最後一定可以完成『黃胄一統，中華文化復興』的祈願。」（註九）台灣人只要記得自己祖宗從何而來！祭祖就通向黃胄一統！

註釋

註一　中國傳統二十四節氣分別是：小寒、大寒、立春、雨水、驚蟄、春分、清明、穀雨、立夏、小滿、芒種、夏至、小暑、大暑、立秋、處暑、白露、秋分、寒露、霜降、立冬、小雪、大雪、冬至。打開每一本《農民曆》都清楚明白每個節氣的意義和功能，可謂吾國從古至今，發行最廣、印量最大的書，從古至今高居暢銷書排行榜第一名。

註二　劉鏡仲，〈祭祖大典慎終追遠、和諧祝願天安人和〉，《教訊》第三七三期（二〇一五年四月），頁一〇—一三。

註三　中華天帝教總會提供、劉鏡仲（中華天帝教總會秘書長）整理，〈慎終追遠改善社會風氣、奠定良好倫理祖德流芳〉，《教訊》第三九七期（二〇一七年四月），頁二〇—二三。

註四　郝光聖樞機使者口述，劉鏡仲整理，〈我在中華天帝教總會的歲月〉，《教訊》第三九七期，頁二四—二五。

註五　劉鏡仲文、蔡光貧、吳靜聘攝影，〈聯合祭祖慎終追遠、炎黃子孫和諧共榮〉，《教訊》第四〇九期（二〇一八年四月），頁五〇—五七。

註六　陳聖芳（大晟）、龍建宇（元哲）採訪、攝影，〈歸根復命繼往開來──二〇一八極忠文教基金會上海、蘇州尋根〉，《教訊》四〇九期，頁四二─四五。

註七　台中市長林佳龍要拆掉台中孔廟，恢復日本時代神社，好祭拜日本天皇。此事在網路流傳多時，報紙也刊過，相信並非空穴來風。

註八　為何用「偽行政院長賴清德」？在我國歷史上，凡任何政權失去中華文化內涵，就叫「偽政權」。以前我們稱大陸叫「偽政權」，因為他們搞「馬列」，馬列是「非中國的」，違反中國文化的，雖然掌有政權，不能視為「正統」。現在大陸在積極復興中華文化，他們已「回歸」中國，是中國的「正統」政權；反觀台灣，「去中國化」已失去「正統」地位，成為一個「地方割據政權」，乃至「偽政權」。這是很危險！很可怕的！無奈多數人被「洗腦」了，能覺醒的人並不多！

註九　《教訊》第三七四期（二〇一五年五月），頁一九。

第三篇　廿字、教節、華山與總結

圖1、2/中華民國主院主教陸光中樞機（持香者）在鐳力阿黃庭主持恭請鐳力阿道脈，連結華山道脈儀式。

圖3/恭請鐳力阿道脈連結華山道脈的甘露與淨土，由本師曾孫晉春同奮（左）接受。

圖4、5/晉春（左）與繼那同奮恭請道脈後，特在鐳力阿「鐳力石」與「五葉松」合影留念。

圖1/南投縣初院林緯是開導師與天然堂王靜參主事，邀集來自各地同奮一同歡度30週年慶。

圖2/天南堂主事王靜參主持30週年慶，歡迎各界嘉賓同襄盛舉。

圖3/《南投縣初院天南堂30週年特刊》。

圖4/南投地區同奮慶祝天南堂30週年，熱鬧滾滾聯網多元活動。

第十一章　「廿字眞言」：宇宙總咒、中華文化依歸結晶

世界上各宗教都有其代表性經典，如耶教的《聖經》、回教的《可蘭經》，佛教的經典可多了，《心經》、《金剛經》、《地藏普薩本願經》等。但各教經典雖多，尚無一本稱「宇宙總咒」。

吾國大約從唐代開始，啟動「三教合一」運動，也就是外來的佛教和本土的儒、道二家，所進行的長期調適、融合、運動，時間長達一千年。過程主要是使外來的佛教「本土化」，使「印度佛教」變成「中國佛教」，可以成為中國人思想邏輯能接受。現在我們才能說，「儒、佛、道是中華文化的三個核心價值」。但單就一個佛教，不論那部經典，都還不能稱「中華文化依歸」。

天帝教的《廿字真經》是到目前為止筆者所見，最少字數的宗教

右圖　民國 81、82 年馬祖援軍即在台北降下「廿字真言」，與天帝教「人生守則」一模一樣，令人嘖嘖稱奇。
左圖　南投名間修玄宮，辦公室懸掛廿字真言。《教訊》398 期，36 頁

經典，總共只有二十個字；而這二十字又稱「宇宙總咒」、「中華文化依歸」，必定有其神奇、不可思議之處。所謂字數最少的經典，是指成一種「經」（書、冊）的稱謂。藏傳佛教的「六字真言」（唵嘛呢叭咪吽）字更少，但並未當成「經」來看待。（註一）在每一期《教訊》多少有些關於「廿字真言」的文章，本文按天帝教各出版品概述之。

壹、「廿字眞言」來源與重要性

《教訊》第三九八期，由無形古佛降示談廿字真言〈直指人心救世寶筏〉短文，對「廿字真言」的來源因緣作用有簡要說明。（註二）無形古佛之倒裝凡軀蕭昌明，與雲龍至聖為重整道盤，教化人心，冀望有情無情眾生，重歸　上帝真道之懷抱，隱於中國湖南西部深山窮谷，百思救世渡人之法門。師徒二人於廢寢忘食之際，靈覺頓開，靈感湧現，二十個字的「廿字真言」，竟三天內全部完成，二人仰天叩謝玄穹。

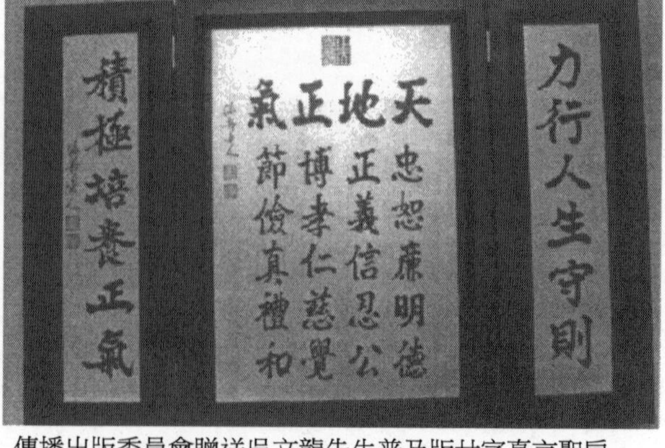

《教訊》398 期，38 頁　傳播出版委員會贈送吳文龍先生普及版廿字真言聖扁

這蕭昌明、雲龍至聖是何許人也？按《天帝教教綱》，〈教源—道統衍流，天帝立教道統衍流〉所述，道統第五十三代天鈞教，道世輔宗之一是雲龍教主；第五十四代天德教主蕭昌明，承雲龍法技以濟世，創「廿字真言」而化人。第五十五代天人教主，即李極初〈涵靜老人〉，承天德廿字真言正己化人，又為人間二大使命救蒼生，在人間復興天帝教，為天帝教在地球「復興第一代」，李極初為首任首席使者。（註三）以上是雲龍、蕭昌明和李極初三人與廿字真言的傳承關係。

天德教主蕭昌明，四川省樂至縣人，生於民前十八年（一八九四年），歲次甲午臘月初八日，先天無形古佛靈炁下凡轉世。後被雲龍「白天觀氣，晚看星斗」找到，引渡到湘西深山修真，十年大成，共同完成廿字真言救世法門。此廿字真言在中國三期劫運將至時，人心迫切需要下，應運而生；奉　上帝於金闕會議中，御定為「宇宙總咒」，也是中華文化的結晶和依歸，故得蒙　上帝頒行三界十方，一體遵行，是謂救世之寶筏。

按《天帝教教綱》，廿字真言乃蕭教主所創，但源起於民國初年雲龍至聖，從湘西到四川渡化蕭教主，再回到湘西深山修行。在深山中師徒二人同無形一起研究救世法門，得此廿字真言，其重要性當然是「宇宙總咒」和「中華文化結晶」，融合地球上五大宗教的思想精華。在天帝教各種儀式、節慶、法會等活動，都要「誦廿字真言三遍」。（註四）在天帝教所辦的研習班，廿字真言也是重要的功課，例如「靜心靜坐班」，「廿字真言與省懺」是必備課程五堂之一。（註五）就是以廿字真言靜心為修持基本功夫，體會靜心對安定身心的心法，乃自渡渡人的方法之一。

天帝教的「宗教哲學研究社」（宗哲社），宗旨是「宗教大同」，即是以廿字真言為人生守則，中華文化的精髓就濃縮在此二十字中：「忠、恕、廉、明、德、正、義、信、忍、公、博、孝、仁、慈、覺、節、儉、真、禮、和」。這二十字意義內涵的深度和廣度，可謂無限深廣，每一字寫幾本博士論文，尚且述之不盡。但只要用心讀過幾本中國書的人，都能略知其意，故本文不再逐字解析，留給讀者自行領會用心。

貳、《廿字眞經》的上帝聖詔

在秋季法會中，《廿字真經》擔綱重要任務。以熱準而言，此經為超拔大纛，為此經之特別處。當然天帝教各經都各有教化人心之妙用；惟值此三期末劫，獨有這《廿字真經》，備受教主　上帝垂愛，一再下詔，神聖之至。本文從《教訊》恭錄二篇　上帝聖詔。（註六）

教主　上帝詔旨

曰・廿字法傳。天人洞演。今得無形古佛、天德教主、一炁宗主諸卿爰引天人教主奉獻《新境界》為天帝教教義之法例，奉獻《天德教主普濟渡人廿字真經》為天帝教基本經典。返本還原濬通天人。正正旗鼓。共進大同。敕正名為：《天人日誦廿字真經》。傳梓壓寰。宣宏大道。說法性靈。天清地寧。勉乎哉！

天運己卯年三月十七日子刻

道統始祖宇宙主宰　玄穹高上帝詔序

曰・設教杏壇。說法靈山。佈忠恕之道。演慈悲之論

悟人生之究竟。深識意趣。

覺大乘之途徑。遍廣長舌。

法天地之德。行天地之道。

知天地之化育，典模長刑。加於有盡無盡。常佈聖德。

吁。天之子民。平等齊律。未有天植天賦之謂也。自朕

天帝立教。衍逮五十四嗣。咸以化覺為本。普渡為旨。治人道而返天道。
濬通天人。正正旗鼓。共進大同以正鵠。巍巍大道。
以勵後世而奮鬥。茲爾廿字真經。傳梓塵寰。宣宏聖道。
為眾生說法。庶澄宇宙。德宇輝煌。
天清地寧。後生子民。宜當勉夫。加敕
三界十方。咸同擁護。此詔。
天運甲申八月三日子刻頒

在啟誦《廿字真經》後的「香讚」、「誠服讚」、「天德讚」、「天德教主誥命」下，道統始祖宇宙主宰　玄穹高上帝再度聖示敕文曰：

敕諸十方三界諸神祇　咸擁是經文
感孚應求　以昭神威　此敕共聞

足見《廿字真經》受到　上帝重視的程度，是其他經典所沒有的，故能稱「宇宙總咒」、

「天地總咒」，是中華文化的結晶依歸；亦蘊涵五教（儒、釋、道、耶、回）精華。為什麼宇宙天地間的精髓會凝結成中華文化？（為何不凝結成東洋文化、西洋文化、資本主義文化？？）有沒有人思考過這個問題？

弘一大師說過：「人生有三難得，得良師難，生為人身更難，生為中國人最難。」（註七）但涵靜老人說得最清楚明白，《教訊》文章也常刊出或引用，中華文化即是 上帝真道，上帝愛我中華民族，當然就愛中華文化。「廿字真言」二十個字，中華文化的濃縮，其影響力無窮大，無遠弗屆。歷史上的邪魔歪道、分裂族群者，聞之喪膽，故說「孔子成春秋而亂臣賊子懼」，同個道理，孔子和《春秋》都是中華文化的象徵。

太和之初　乃為廿字　以忠與恕　而正奸詐　以廉與明　而治貪污　以德與正　而治
酷偏　以義與信　而治背亂　以忍與公　而治殄私　以博與孝　而治暴逆　以仁與慈
而治幽厲　以覺與節　而治痴吝　以儉與真　而治濫偽　以禮與和　而治侮慢　以茲
箴規　而藩人心　滌塵見性　日月光明　浩然正氣　沖塞太虛　朗朗無翳　景氣長春
康同邁進　天地永新。

《廿字真經》妙用無窮，能濟三途苦，能拔九幽魂，能解十災厄，能渡十方眾，天羅地網，何其威嚴！亂臣賊子，邪魔歪道，往何處逃？唯有「持誦不空過，經力無虛偽」，「無形應化有形，有形配合無形」，真言始生無尚法力。

「廿字真言」其妙用說之不盡。在《教訊》所介紹第十二位華山上方人物誌—王璞，曾說「未有被大風大浪所吞沒，更重要的關鍵，還是蕭師尊（蕭昌明大宗師）、李導師（涵靜老人）對我諄諄教誨，奉行廿字真言。」「我的法寶，我的神通，是廿字真言，四十多年來奉行不懈。」（註八）廿字真言，果是宇宙總咒，炎黃神靈，法力無邊，這到底要如何修行修身才能得此法力？

參、廿字修身法簡而易行（註九）

天帝教是應元救劫的宗教，所要救的「劫」災正是目前地球上的兩大災難，一者核戰浩劫毀滅地球，一者中國自二戰後的分裂造成兩岸對峙，可能引爆更大戰爭。要消解這兩個災難，化除這兩個現代人類劫數，就成了天帝教的二大人間使命，尤其第二人間使命促成兩岸和平統一，可以說是天帝教最核心的價值，天帝教的所有活動必和此項使命有關，包含這廿字修身法。試想，台灣社會若大家保有這廿字真言內涵，會有族群對立嗎？會有貪污政客嗎？

會有人搞台獨嗎？會出現民族敗類嗎？

因此，這廿字真言不應該只是天帝教同奮的日誦功課，而要推廣到社會各層面，這才合乎「上帝頒行三界十方一體遵行」的聖意。當然，人有優劣，人人修行修身，不是個個都可以得道成佛，但起碼做為一個「人」，一個正常的人，不會淪入邪魔歪道，不會當漢奸出賣中華民族利益。本小節按《廿字修身法》小冊，概述簡而易行的修身法。

一、廿字真言禮拜法

廿字禮拜法，經由反省、懺悔，加上跪拜的動作，求得心神專一，感召廿字主宰的靈力加持，達到身心健康，消業遠禍，得平安祥和之目的。

其方法於廿字真言匾前（佛堂或廳堂）上香行禮後，雙手捫心，反省懺悔，默祝心願後跪下，每唸一遍廿字真言叩首一次，以百遍為基準。若覺陰冷，不必害怕，繼續禮拜到全身發熱發汗為止。禮拜時可於身旁置清水一杯，禮拜完後飲下，自有甘露加持，凡真心誠意懺悔者，必有應驗。

禮拜過程中的跪拜姿勢正確，與人體的骨節經絡亦有關係，帶動身軀活動，可傳導經絡和促進血液循環。這應該是禮拜真言的附加價值。

二、誦廿字真言迴向之方法

廿字真言奉　上帝頒行三界十方一體遵行，是謂宇宙總咒，中華文化之結晶。若能早晚虔誦十至百遍，並反省懺悔身體力行，可以培養正大光明的天地正氣，能感應無形廿字仙佛的靈力加持。人有了天地正氣，可抵消個人業障，化解陰邪之氣。

其迴向方法，可在清淨場所（廁所、夫妻房間、廚房外），不拘時間，均可虔誠持誦（默念口誦均可，只要心真意誠，必有效果。

每次至少誦滿五十遍，才可做專案迴向；如時間、環境許可，每次應以持誦一百遍為基數。舉各種迴向文，如附印。

迴向文（舉例）

1.迴向給病患或手術治療親友：願以此真言，迴向給我的親友○○○（如非現場迴向，請指明戶籍或醫院名稱、地址）消清冤孽債，身心恢復健康或手術順利。

2.迴向給過世的祖先或親友：願以此真言，迴向弟子○氏歷代高曾祖父母或弟子祖父母、父母或親人○○○或友人○○○或師長○○○，消清冤孽債，普渡早超生。

3.迴向給地基主（動土或遷屋時）：願以此真言，迴向本地地基主（如非現場迴向，請指明戶籍或地址），消除固執念，普渡早超生。

4.迴向求超靈或農曆七月普渡：願以此真言，迴向求超靈，消清冤孽債，普渡早超生。

註：若參與民間習俗的中元普渡活動，以素果、鮮花祭拜，焚化冥紙時，每焚化一張，口誦真言一遍，最後才迴向。

5.迴向給產婦：願以此真言，迴向產婦○○○（如非現場迴向，請指明戶籍或醫院名稱、地址），願她順利生產，母子平安。

三、廿字甘露水祈求法

取一杯清水置於眼前，兩眼注視杯中之水，雙手捫心，口中持誦廿字真言，以百遍為基數，則無形靈力可化凡水為甘露水。

甘露水，可消除百病，洗滌陰濁之氣，然其功效大小，全視祈求者誠心、信心及正氣充沛與否而定。

四、廿字心齋

任選廿字真言中任何二字，當作平時做人做事的準則，每日早晚（至少晚上一次），反省檢討做人做事有無違背，有則懺悔痛改，無則加勉。如天天反省懺悔養成習慣，正氣自然凝集起來，發揮力量，暴戾陰霾之氣自可消化，邪魔鬼怪見而遠避，可以確保平安。

每人每天都能洗心滌慮，靜思反省，多一份善念，就多一份正氣，一念成祥，由少集多，就能聚集一股浩然正氣，可以化戾氣為和諧，化災難為平安。

小　結

初淺的按《廿字修身法》一書理解，每個字都有神聖之意。此二十字真言不愧是宇宙總

咒，中華文化結晶，地球上五大宗教內涵之精華。例如佛教《六祖壇經》在〈疑問品〉一節有惠能大師如是說法：（註十）

> 善知識，常行十善，天堂便至；除人我，須彌倒；去邪心，海水竭；煩惱無，波浪滅；毒害忘，魚龍絕。自心地上，覺性如來，放大光明，外照六門清淨，能破六欲諸天。自性內照，三毒即除；地獄等罪，一時消滅。內外明徹，不異西方。不作此修，如何到彼？

按筆者一時之淺見，這廿字真言的意義，大約類似佛法「眾善奉行，諸惡莫作」的道理。如六祖大師聖言，修習十善，便身處天堂；去除人我間的差別，就沒有須彌山的存在，一切邪心、毒害全都消失不見了。

修行要從心地反省上下功夫，隨時觀照自己，這就是心地法門，也是觀音法門。當一個人的眼、耳、鼻、舌、身、意全都自性觀照，謂之反照，返回自性作觀。能「自心地上」，就是覺性如來，自然可放大光明，六根清淨能破六欲諸天，那些三毒地獄等全都消滅了，這都是心地純誠產生的力量，亦與二十字真言任何一字相通。另在《妙法蓮華經觀世音菩薩普門品》曰：（註十一）

> 若有無量百千萬億眾生，受諸苦惱，聞是觀世音菩薩，一心稱名，觀世音菩薩即時觀其音聲，皆得解脫。若有持是觀世音菩薩名者，設入大火，火不能燒，由是菩薩威神力故……假使黑風吹其船舫，漂墮羅剎鬼國，其中若有乃至一人稱觀世音菩薩名者，是諸人等，皆得解脫羅剎之難……

觀世音菩薩也是天帝教同奮信仰諸神之一，天帝教了不起之處，在於能包容地球各大宗教思想，且認同各大宗教經典，並視同天帝教經典，信仰各教也能同時信仰天帝教。因此，《廿字真經》不僅是中華文化結晶，也是地球上五大宗教之精華，故能稱「宇宙總咒」，和觀世音菩薩的普門品一樣，能救苦救難，法力無邊，只要祈求者一心至誠！

文天祥〈正氣歌〉向為涵靜老人所重視，附於《廿字修身法》小冊之後，親自在二十字上加「天地正氣」四字。顯然，就是彰顯這二十個字都是「天地正氣」，是「宇宙正氣」，能制服邪魔歪道，故收入本文附錄。

註釋

註一　「唵、嘛、呢、叭、咪、吽」，六字真言又叫六字大明咒，是藏傳佛教密宗的祈禱心語。六字是觀世音菩薩願力和加持的結晶，故又稱觀世音的心咒。欲知更詳深義，可進「古哥」，鍵入「六字真言」。

註二 〈直指人心救世寶筏〉，《教訊》第三九八期（二〇一七年五月），頁三七—三九。

註三 《天帝教教綱》（台北：帝教出版社，民國八十年七月修訂版），頁九一—九六。

註四 見《天帝教教綱》，〈教程—祈禱親和須知〉、〈教節—聖誕華誕紀念節日〉等節。

註五 天人訓練團，〈天人訓練團公布規劃「靜心靜生班」辦班原則〉，《教訊》第四〇三期（二〇一七年十月），頁六二。

註六 編輯部，〈持誦不空過，經力無虛偽〉，《教訊》第四一三期（二〇一八年八月），頁五〇—五三。

註七 弘一大師確實講過類似的話，趣者可自行查閱大師文獻，不難查知。

註八 李維生、教史委員會提供，編輯部整理，〈王璞的神通是廿字真言〉，《教訊》第四一二期（二〇一八年七月），頁八四—八七。

註九 《廿字修身法》（台北：帝教出版有限公司，民國九十三年五初版），發行者陳朝武。

註十 可參閱任何一本《六祖壇經》，本文引：善性導師，《六祖壇經直解》（台北：一葉文化事業有限公司，二〇一二年三月），頁一〇〇。

註十一 姚秦三藏法師鳩摩羅什奉詔譯，《妙法蓮華經觀世音菩薩普門品》（台南：和裕出版社，二〇〇七年版），頁二—四。

附錄

正氣歌 並序

文天祥

余因北庭，坐一土室，室廣八尺，深可四尋，單扉低小，白間短窄，汙下而幽暗。當此夏日，諸氣萃然，雨潦四集，浮動床几，時則為水氣；塗泥半朝，蒸漚歷瀾，時則為土氣；乍晴暴熱，風道四塞，時則為日氣；簷陰薪爨，助長炎虐，時則為火氣；倉腐寄頓，陣陣逼人，時則為米氣；駢肩雜遝，腥臊汗垢，時則為人氣；或圊溷、或毀屍、或腐鼠，惡氣雜出，時則為穢氣。疊是數氣，當之者鮮不為厲。而余以孱弱，俯仰其間，於茲二年矣！幸而無恙，是殆有養致然爾。然亦安知所養何哉？孟子曰：「吾善養吾浩然之氣。」彼氣有七，吾氣有一，以一敵七，吾何患焉！況浩然者，乃天地之正氣也，作正氣歌一首：

天地有正氣，雜然賦流形，
下則為河嶽，上則為日星，
於人曰浩然，沛乎塞蒼冥。
皇路當清夷，含和吐明庭；
時窮節乃見，一一垂丹青。
在齊太史簡，在晉董狐筆，
在秦張良椎，在漢蘇武節；
為嚴將軍頭，為嵇侍中血，

為張睢陽齒，為顏常山舌；
或為遼東帽，清操厲冰雪；
或為出師表，鬼神泣壯烈；
或為渡江楫，慷慨吞胡羯；
或為擊賊笏，逆豎頭破裂。
是氣所磅礴，凜烈萬古存，
當其貫日月，生死安足論！
地維賴以立，天柱賴以尊，

三綱實繫命，道義為之根。
嗟予遘陽九，隸也實不力。
楚囚纓其冠，傳車送窮北；
鼎鑊甘如飴，求之不可得。
陰房闃鬼火，春院閟天黑；
牛驥同一皁，雞棲鳳凰食。
一朝蒙霧露，分作溝中瘠；
如此再寒暑，百沴自辟易。

哀哉沮洳場，為我安樂國，
豈有他繆巧，陰陽不能賊。
顧此耿耿在，仰視浮雲白；
悠悠我心憂，蒼天曷有極！
哲人日已遠，典型在夙昔；
風簷展書讀，古道照顏色！

正氣歌（並序）譯意

我被帶到北平來，關在一間土牢裏。土牢約有八尺寬，三十二尺深；唯一的一道門又低又小，窗子也不夠寬敞。放眼望去，只見地面低隰，又是昏昏暗暗的，令人覺得十分不適。而現在正是炎熱的夏季，許多氣味都聚集到這兒來——雨水滲進了牢房，使得桌床看來好像浮動不定一般；這就是水氣。地上的泥濘，經過半天的日曬，都蒸發出水泡來，有如海上的波紋；這就是土氣。天氣突然放晴，酷熱難當，然而四周密不通風，叫人悶得受不了；這就是日氣。役隸們在屋簷下燒飯，柴火熊熊，更助長了炎熱；這就是火氣。倉庫裏囤積的米糧都已經腐爛，惡臭一陣陣襲來使人難受；這就是米氣。囚犯雜亂的擁擠在一起，汗垢既髒又臭；這就是人氣。

而廁所裏的氣味、或是牢囚死後的氣味、或是腐爛鼠屍的氣味，也都紛紛傳來，夾雜在一起；這就是穢氣。

受到了這七種氣味的交相襲擊，很少人不生病的；而像我這樣瘦弱的人，生活在土牢裏也已經有兩年了，卻很僥倖的沒有害病，這恐怕是我平常努力修養的結果吧！然而我所修養的究竟是什麼呢？孟子說過：「我善於培養我的浩然正氣。」

那些惡氣雖然有七種之多，我的正氣卻只有一種；以一種正氣來抵擋七種惡氣，我又有什麼可憂慮的呢？況且浩然之氣，是天地間的正氣啊！因此我做了這首正氣歌。

天地間有一種正氣，散布在千變萬化的形體。在地上是河川高山，在天上是太陽星辰。賦於人類靈性上的是頂天立地的崇高象徵叫做浩然之氣。發揮起來，能充滿於天地。國家太平的時候，賢良當朝，表現出一片祥瑞和樂；時局危難的關頭，忠臣的氣節纔能表現出來，一個個都由史畫家畫圖作傳，永存萬世。看齊國掌管記載歷史的史官，因不畏強權據實記錄，致兄弟四人死了三位，也不更改他的記事；看晉國的史官「董狐」，受盡壓迫，仍記載趙盾弒其君；秦統一六國後，「張良」在博浪刺殺秦始皇，以大鐵椎作奮力一擊；漢朝的「蘇武」十九年在北海受盡折磨，嚼雪牧羊始終守著漢朝的節杖。像三國時代「嚴顏」將軍的堅強，頭可斷人不可侮辱；像晉朝時代「嵇侍中」（嵇紹）的忠烈；在敵兵重重包圍仍流血抵抗至死，像唐朝「張巡」堅守睢陽城破被俘，咬牙切齒恨不平吞敵人；像「顏杲卿」在常山太守討伐賊兵被俘，被割掉舌頭還在罵賊至死。像東漢末的「管寧」領導遼東的人民，不受徵用亦不幫亂黨；他的節操比霜雪潔白；像蜀漢丞相「諸葛亮」的出師北伐，鞠躬盡瘁死而後已，他表文的壯烈，連鬼神都感動哭泣；像晉朝「祖逖」，擊楫高歌過江，其雄壯的氣魄可吞胡羯。像唐德宗時的「段秀實」奪笏板打「朱泚」額血滿面，遂被殺害。這些正氣的廣大發揚，千百年來人人敬畏尊重，其光芒像日月一樣，視死如歸！這正氣支撐了天，安定了地，維繫人間的倫理，奠定了人生的道義。啊！我遭遇窮厄之時運，我實在沒盡到能力，像楚國囚犯披髮纓冠坐車被押送到最北的元都，身受酷刑，甘之若飴，如能早日赴義就死，反而是我求之不得之事。陰暗的囚房，閃爍著鬼火，春天的庭院緊閉鎖著門，有如長夜。英雄跟罪犯同牢同食，鳳凰跟雞同住同臥。受著涼冷潮溼之病，隨地可能化為溝中之屍，處在這樣的環境兩年了，百害竟然自行遠避，傷害不了我的身體。這潮溼的人間地獄，成了我安樂家鄉！像這種種的邪（戾）氣都不能加害於我，那裏有什麼技巧！祇有永存不變耿耿忠心，守著光明的心靈，抬頭仰望浮動的白雲，我懷著滿腔的憂慮是無可說的，蒼天哪！蒼天！何其如此深遠莫測，何時才能走出黑暗重現光明！古來的聖賢，離我的時代雖遠，但我對他們的忠貞凜烈的典範並沒有忘掉。在透風的房簷下，展讀古代賢人的經書，懷想著往昔先哲為國捐軀，以及忠肝義膽成仁取義的精神，與我丹心義膽相映照。

第十二章　中華民族眾神節慶—天帝教教節聖誕華誕紀念節日

在全人類的總人口中，真正百分百無神論者，完全沒有任何宗教或任何神祇的信仰，這樣的人應該是少數。而這些什麼都不信的人，如果也怕「鬼」，就表示他並非真正的什麼都不信，因為他相信有鬼，也是一種信仰。「鬼治主義」（例如我國的商朝），曾經是人類宗教信仰文化的一部份。

遠的不說，說我碰到各種宗教信仰的人，最「可怕」是基督徒。為何？吾有一老友，其女兒受了基督洗禮不久，回家指責父母拜偶像的不對，又不久指責放家裡的祖先「神主牌」，會導致家人「不能得救」，因為會得罪唯一的真神耶和華。為救父母，那女兒「壓」著父母，一定要去教會受洗，受耶和華洗禮才能「得救」……

可以想見，這是一場「家庭革命」，結果當然就是「家庭分裂」。我所碰到的基督徒，雖未必人人如是，惟大約如此，其心中只有耶和華，沒有父母，開口閉口亞伯拉罕如何！再也沒有孔子孟子如何！心中只有以色列，再也沒有中華民族。我想，中國人若都信了基督教，中國必亡，中華民族必滅！天帝教同奮如何祈禱都是「白做工」。這當然是假設，但基督徒真是太可怕了，信了基督就否定了父母祖宗，連自己民族文化全不要了，這不叫可怕叫什麼？

所以經由宗教信仰的觀察，可以理解一個人的心態或思想觀念之部份。例如，一個信仰天帝教的人，他肯定是個熱愛中華文化的人，在台灣也是一個「統派」，因為他至少知道自己的「人間第二使命」；一個信仰媽祖的人，他可能去過福建莆田，因為媽祖是福建莆田人，他可能參加過「媽祖回娘家」活動，他對兩岸同文同種同信仰應該是有感覺的；而信仰關聖帝君（關公）、孚佑帝君（呂洞賓）……都是一個道理。這當然只是一種傾向的判斷，並非是很肯定、準確的，例如信基督教的人，相信也有仍認同自己就是中國人；而回教徒更是中國五大民族之一，伊斯蘭族的漢化不足。（註一）大陸正在加速伊斯蘭族的漢化，這是國家整合過程的大工程，也是民族融合的長期工程。

世界各民族，日耳曼、阿拉伯、印度、中國……都各有其民間信仰之神祇。中國是「泛神論」民族，古今中華民族曾經出現過的神明至少數百之眾。（註二）而各教派信仰的神祇，有很多差異和重疊，這是因為唐代以後「三教融合」（儒、佛、道）的關係。中國民間寺廟數以萬計，神靈眾多，但跑不了這儒、佛、道範圍。

天帝教可謂是中華民族的宗教，中華民族從三皇五帝以來，所有民間信仰之神聖仙佛，已大多滙集在天帝教的信仰神譜中。眾多諸神大多在《教訊》出現過，但在《天帝教教綱》〈教節—聖誕華誕紀念節日〉，有系統的列出眾神的聖誕華誕與節慶。（註三）本文依教綱「甲案」整理，可見中國人從古至今信仰那些神，過那些節慶。

正月眾神聖誕華誕與節慶

初一日：祀天節、平劫主宰都帥、彌勒古佛、神農教主、第三天懷遠天天王華誕，清涼聖母元誕。

初二日：祀稷節。

初三日：祀道節。

初五日：無生聖宮左相天機閣首席參議太虛子至誕，第二天慎之天天王、第十三天琳聲天天王華誕。

初六日：金闕左相姜華誕。

初九日：道統始祖宇宙主宰玄穹高上帝至誕。

十五日：天地至祖先天無生聖母聖誕、軒轅黃帝金闕玄武大元帥有熊氏華誕。

十六日：先天鈞天上帝至誕、無生聖宮右相天機閣主任秘書玄玄上帝至誕、第三十天妙儀天天王華誕。

十九日：第二十一天釋化天天王華誕。

廿二日：第十五天蕭蕭天天王華誕。

廿三日：第十二天瀟然天天王華誕。

廿六日：第七天鸞鳴天天王華誕。

廿七日：第二十四天虛為天天王華誕。

三十日：泰清聖尊、過特首相、金闕岳武特首相、第二十九天渺渺天天王、第一天震天天王華誕。

二月衆神聖誕華誕與節慶

初二日：五老水祖渺渺溟溟大天尊、帝堯、第八天暴烈天天王華誕。

初三日：日光華誕。

初五日：華光聖母元誕。

初十日：天德主宰華誕。

十二日：第十八天龍虎天天王華誕。

十三日：第二十天哈哈天天王華誕。

十五日：先天天樞總聖至誕，太上老君、金闕特上相文昌帝君華誕。

十六日：金闕應元刑部尚書張桓侯、第二十三天非非天天王華誕。

十七日：金闕應元工部尚書魯華誕。

十九日：慈航觀世音菩薩元誕。

二十日：第九天木鐸天天王華誕。

三月衆神聖誕華誕與節慶

初三日：北極大帝、金闕真武大元帥有巢氏華誕。
初六日：第二十六天敬銘天天王華誕。
初八日：亞天聖父華誕。
十三日：穆罕默德華誕。
十五日：承德至尊崇仁大帝華誕。
二十日：金闕應元吏部尚書比干華誕。
廿五日：悅意夫人元誕。
三十日：第十天一線天天王華誕。

四月衆神聖誕華誕與節慶

初一日：金闕應元選舉部尚書李華誕。
初三日：金闕天朋大元帥殷華誕。
初四日：五老木祖青玄至極聖、帝舜華誕。
初五日：三期主宰、無始古佛、清靈主宰維法佛王、無極無聖英皇、第三十二天無極天天王、第三十一天玄極天天王、天人教主、駐人間首任首席使者華誕。

初八日：釋迦牟尼佛華誕。

十二日：亞天聖母元誕。

十四日：呂祖華誕。

十八日：太覺教主、宇宙監經大天尊華誕。

廿一日：無形古佛華誕。

五月眾神聖誕華誕與節慶

初一日：五老火祖性文至剛靈根華誕。

初六日：伏羲皇帝華誕。

初十日：太白金祖華誕。

十三日：一炁宗主、中皇玄靈上帝、天德教主華誕。

三十日：福祿壽壽祖延壽秉德至尊華誕。

六月眾神聖誕華誕與節慶

初一日：第六天無文天天王、鴻鈞老祖華誕。
初五日：掌德夫人元誕。
初六日：金闕龐特相、應元都天少皇、第十九天怒雷天天王華誕。
初九日：第二十二天空空天天王華誕。
初十日：濟祖華誕。
十六日：行劫副主宰清期子華誕。
十七日：第二十五天阿佐天天王華誕。
十八日：源天天皇、金闕應元兵部尚書胡、第十四天霹靂天天王華誕。
十九日：金闕應元雷部尚書王華誕。
廿四日：王尚宰華誕。

七月衆神聖誕華誕與節慶

初一日：金闕應元禮部尚書周公華誕。
初二日：玄德少祖華誕、上元夫人元誕。
初五日：掌文夫人元誕。

初七日：土德王、第五天浩然天天王華誕。
十三日：北宗洪祖華誕。
十六日：萬靈兼主華誕。
十八日：瑤池金母金誕、應元地曹少皇華誕。
三十日：地藏幽冥教主、福祿壽禱祖法源玄上真華誕。

八月眾神聖誕華誕與節慶

初一日：首席正法文略導師華誕。
初四日：文皇倉頡夫子華誕。
初八日：五老土祖混混源源祖、帝禹華誕。
十五日：祀道節、紫微大帝顯應，無聲玄母、淨元如來、紫英掌印夫人元誕。
十六日：御使十方清平皇君大總監華誕。
廿七日：教師節、大成至聖、文宣素王華誕。

九月衆神聖誕華誕與節慶

初一日：天地至祖先天無生聖母顯應，道統始祖宇宙主宰玄穹高上帝顯應。

初二日：中皇玄靈上帝顯應。

初四日：摩利支天大聖先天斗姥元君顯應。

初五日：源天天皇顯應。

初六日：三期主宰清虛天皇顯應。

初七日：軒轅黃帝顯應。

初八日：瑤池金母顯應。

初九日：先天鈞天上帝、無生聖宮左相天機閣參議太虛子、泰清聖尊、玄天大帝顯應，南斗、金闕玉虛十一祖文特上相、萬法教主華誕，萬法凡主宰九天玄女元誕。

初十日：木德王、金德王、火德王、水德王、開元計都星君華誕。

十三日：慶化節。

十六日：無上法王、金闕天佑大元帥子華誕。

十八日：李特首相華誕。

十九日：第二十七天玄明天天王華誕。

三十日：金闕右相傅、福祿壽福祖洪化一炁靈根華誕。

十月衆神聖誕華誕與節慶

初一日：尚清聖尊、太靈殿主、第二十八天太荒天天王、第十一天虎臥天天王、武王華誕。

初三日：中正真人華誕。

初九日：殿左直奏中天太傅華誕。

初十日：文王華誕。

十一日：第四天激烈天天王華誕。

十五日：中山真人、開元羅睺星君華誕。

十六日：金闕特相諸葛、第十七天月朗天天王華誕。

二十日：萬定師主華誕。

冬至日：御清聖尊華誕。

十一月衆神聖誕華誕與節慶

初一日：凌霄直轄帝教寶殿奠基日。

初八日：普濟開元妙道天尊華誕。

十一日：第十六天心印天天王華誕。

十二日：金闕應元瘟部尚書張華誕。

十五日：天帝教復興地球節。

二十日：金闕應元農部尚書后稷華誕。

廿一日：首席督統鐳力前鋒華誕。

廿八日：金闕葉特相華誕。

三十日：耶穌教主華誕。

十二月衆神聖誕華誕與節慶

初六日：雲龍至聖華誕。

初九日：清平節、行劫主宰定危子華誕。

初十日：鎮河守嶽少皇華誕。

十七日：五老金祖烈煉金精主華誕。

十九日：先天萬聖靈根華誕。

廿五日：巡天節。

三十日：大同節。

中國民間信仰的眾神，經過千百年的流傳演化，大致上有兩種神明系統形成。第一種是「自然神」，源自人類對大自然的敬拜，如山河大地，風神雨師，日月星辰，宇宙自然現象，五嶽大帝、天公地母都是。

第二種是「文明神」，由人的昇華而來，中國歷史上凡對國家民族有功的，死後都被「封神」（封聖），從堯、舜、禹……文天祥、岳飛……現代的中山真人、中正真人、極初大帝（涵靜老人）都是。有的人被多種教派封神（聖），如關公（羽），在道教是關聖帝君，在佛教是伽藍菩薩，在儒教則是武聖；另民間廟宇拜的「三公」正是堯、舜、禹，可以這麼說，台灣民間拜的神，全都是「生為中國人、死為中國神」，這是台獨要「去中國化」不可能成功的原因，眾神都不准啊！

天帝教的教節和諸神聖誕華誕紀念節日，基本上包涵了中華民族有史以來的重要神祇，且每一尊神聖仙佛各有不同祭祀禮儀，按農曆如儀行禮。如：

祀天節：素三獻，行四跪八叩禮，表章各一疏，獻於道統始祖宇宙主宰　玄穹高上帝陛下，以致朝賀。

祀稷節：素三獻，行四跪八叩禮，表章各一疏，獻於軒轅黃帝座下，以崇族宗，以法萬世。

道統始祖宇宙主宰玄穹高上帝至誕，素三獻，行八跪十六叩禮，奏文表章正預祝儀各一疏，獻於正殿，以崇祀教祖，基開萬世教系。

天地至祖先天無生聖母聖誕，素三獻，行十八跪三十六叩禮，表章各一疏，以崇祀先尊，是為天父地母之大神媒。

有趣的是，穆罕默德、耶穌和釋迦牟尼佛三位教主，也在天帝教奉祀之內。這是按天帝教教義，地球上五大宗教教主都是玄穹高上帝的「分身」，五大宗教經典也是天帝教經典，其教主當然也是天帝教所奉祀。

註　釋

註一　回教徒和伊斯蘭教徒，在阿拉伯世界都是穆斯林，只在中國的回教徒已經漢化，成為中華民族的一員；而伊斯蘭（主要在新疆）則漢化不足，只能說目前正在漢化中，這是民族融合和國家整合過程的「陣痛」。所以，回族和伊斯蘭族，各自成為中國少數民族之一，中國五十六民族之一。

註二　陳福成，《中國神譜—中國民間宗教信仰之理論與實務》（台北：文史哲出版社，二〇一二年元月）。

註三　《天帝教教綱》（台北：帝教出版社，民國八十年七月），見〈教節—聖誕華誕紀念節日〉，頁二二八—二五八。

第十三章　華山精神的傳承延續

筆者是一個佛教徒，對因果、因緣和「業」這些觀念，雖所能理解並不深入，但深信不疑，也有堅定的信仰。我看天帝教《教訊》上，從涵靜老人開始，就有很多有關因果、因緣和業的論述，天帝教同奮也很認同這些佛法常談到的觀念。

我們一般人（包含很多佛教徒），都把「因果、因緣、業」這些觀念（理論），說是「佛法」，是佛說的法，佛經都在講這些法。但《金剛經》裡，佛不認為自己說了什麼法！誰說佛有說法便是毀謗佛，這罪可大了！〈非說所說分第二十一〉曰：（註一）

須菩提！汝勿謂如來作是念：「我當有所說法。」莫作是念，何以故？

> 若人言如來有所說法，即為謗佛，不能解我所說故。須菩提！說法者，無法可說，是名說法。

這段經文很清楚明白的，佛告訴須菩提，不要有佛在說法的念頭，說佛說法就是毀謗佛，就是沒有了解佛說什麼！一切言說都是為開啟眾生的真如自性，隨機化度，隨緣而說，暫時方便給個「說法」假名而已。

很長久的時間我不懂這經文所述，直到有一位大德為我舉例說明，我才有所領悟。佛說的法是「自然法」，就像地心引力（萬有引力），不因牛頓不說而不存在。所以佛和牛頓都只是「發現」宇宙中的某種自然法。我們若將萬有引力稱「牛頓法」，也是毀謗牛頓，因為他們是「發現」，而不是「發明」。

確實，因果、因緣和「業」都是自然法，也就是自有宇宙以來，始終如是，始終存在。短期間的因果因緣不難理解，長期（三世或更久）則很難理解，甚至「唯佛能知」，很多「鐵齒」根本就不相信。但不相信自然法依然是存在的，不相信自然法依然照常運作著。如佛經《入楞伽經》說：**「諸因緣和合，愚痴分別生，不知如是法，流轉三界中。」**而對於「業」，《光明童子經》如是說：

一切眾生所作業，縱經百劫亦不亡；
因緣和合於一時，果報隨緣自當受。

而因果、因緣、業都和「緣」有關係，《緣生論》說：**「藉緣生煩惱，藉緣亦生業；藉緣亦生報，無一不有緣。」**也就是說宇宙一切現有都是「緣起」而生，號稱愛因斯坦之後最偉大的科學家霍金（Stephen Hawking），在解釋宇宙誕生和演化，不外就是緣起法，一切都是緣。二千多年前，佛陀在菩提樹下，金剛坐上，夜觀明星，悟的第一個法，就是緣起法

前面談到的因果因緣，是為本文談天帝教復興的因緣做個起頭。天帝教在地球復興的因緣要洄溯到何時？華山時代是源頭，但源頭還有源頭（形成源頭的緣），蕭昌明大宗師也是因，但非第一因。也許最早的因緣，要從無形天界（金闕），上帝召開星際劫務會報開始，無形古佛和三期主宰清虛真人，請命下凡，搶救三期末劫。

本文談「華山精神的傳承」，就從近因華山開始，之前的遠因遠遠因就不去研究了。

壹、「華山，是本教復興的主要起源。」

涵靜老人駐世時，在一次與天主教安霖澤樞機主教親和交流時，有一段話說：「華山，是本教復興的主要起源。一九三七年，當時我只有三十七歲；我夫婦帶了四個小孩子上華山，修道祈禱，大家都認為我發瘋了。但是華山的這個階段，孕育了本教的教義和所有重要經典法規，所以才有今天……」（註二）華山時代到底發生了什麼大事？為何華山成為天帝教的主要起源？打開《天帝教簡史》，民國廿五年（一九三六年）記載一段：（註三）

圖1 師尊師母皆同4個孩子在華山堅守　圖2 華山陡峻險惡的路程，走過雷神洞的天梯就到大上方　圖3 寒冬雪路，華山入冬，路更難走　《教訓》376期，37頁

同年夏間，蕭教主命長沙郭子大化攜手諭從武昌至西安，囑師尊與郭子於是夏務必前往太白山叩謁太師伯雲龍至聖……農曆七月十二日（國曆八月廿八日）上山……進入棲霞洞拜見雲龍至聖，師尊再拜請求留山學道，至聖溫諭曰：「絕不可以，爾等使命未了，趕快下山」；並喟然嘆曰：「明夏浩劫將興，國難臨頭！」遂命郭子「速報爾師，歸隱黃山」，又命師尊應于明年農曆六月初（國曆民國廿六年七月八日）前辭官，挈眷潛居華山白雲峰下，長期祈禱，看守西北門戶……

華山是我國五嶽之冠，位于陝西省華陰縣，是中華民族發祥地，也是道家全真派之根據地。涵靜老人服從師命，下山開始做很多準備工作，都不提了。只看簡史在民國廿六年（一九三七年）記載：（註四）

左圖/ 師尊十分重視華山道脈的延續，民國 78 年 5 月 14 日維生樞機自華山大上方玉皇洞取回泥土及水後，師尊親灑於鐳力阿道場清虛妙境土地上。右圖 / 師尊將特別焚化加光後的黃表紙，貫通華山與鐳力阿道場的氣脈。 《教訊》400 期，34 頁同年七月二日（丁丑五月廿四日），師尊遵雲龍至聖之命辭官，偕師母率長子維生、次子維公、三子維光、幼兒維剛，暨兒輩之業師郭子雄藩等直上華山……七月七日深夜（丁丑六月初一子時），華山光殿開光，蘆溝橋事變突發，中日戰禍開啟，應驗雲龍至聖「浩劫將興，國難臨頭！」之預示。此後師尊全家暨隨侍上山之弟子，經常於華山白雲深處，虔誦皇誥，祈求　天帝佑我中華，對日抗戰，最後勝利。

從前面兩段在《簡史》中的記載，可略知涵靜老人攜眷上華山的因緣、目的（宗旨）始末。師命是個因緣，救劫是宗旨也是天帝教人間使命的啟動，可如是比喻，中山先生以「和平！奮鬥！救中國」；而涵靜老人以「祈求上帝！救中國」，也等於為以後的天帝教復興開啟一個源頭。涵靜老人在華山一共待了八年，正好就是中國抗倭戰爭的關鍵八年，除了祈求　上帝以無形力量加持中國，打敗了入侵的敵人。這八年可以歸納出以下四點重要成果和修行所悟得：（註五）

◎帶領全家暨隨侍上山之弟子，日日子午虔誦〈皇誥〉，祈求　天帝祐中華，對日抗戰勝利，精誠感動天，使得黃河八年不結凍。

◎參悟昊天虛無大道自然無為心法。

◎天人合力完成《新宗教哲學思想體系》，亦即今天帝教教義《新境界》。

◎天諭：「大數已定，中日戰爭了結後，中國將有更大之變亂，爾等應速祈禱　上帝化減劫運，早往蓬萊仙島。」

這天人合力完成天帝教教義，如何的「天人合力」？先天一炁流意子有聖言曰：「是經由無形清虛真人、崇仁教主專司天人親和，而與極初大帝、維生、維道父子師徒三人，於華山大上方白雲深處，朝夕於斯，細心整編，融會現代自然科學、社會科學原理，參酌中外古今宗教哲理，經歷年餘，終於完成。」（註六）維生後來擔任天帝教第二任首席使者，但在華山時期維生（李子弋）還是個少年，惟秉性特異夙慧超人，已能勝任天人交通中的「光生」工作，使得天帝教教義順利在華山時期完成。

貳、華山精神的內涵

從涵靜老人辭官攜眷上華山一事思考，這是一件不凡、神奇的事，因為年輕夫妻還有四個孩子，上華山做啥？而且一上就待了八年。從女人的角度思索，也是不可思議之事，古今中外有那個婦女像過純華這樣的毅力和犧牲精神，對「救劫」使命絕對是要夫妻同心的，上華山就是為了救劫─救三期末劫、救中國，別無他事。民國八十一年，涵靜老人在天人研究學院講述「天命奮鬥與時代使命研究（九）」時，有一段話：（註七）

現在第三天命就是「華山精神」；華山的道脈；第一天命的延續。第一

《教訊》391期 華山門。69頁。

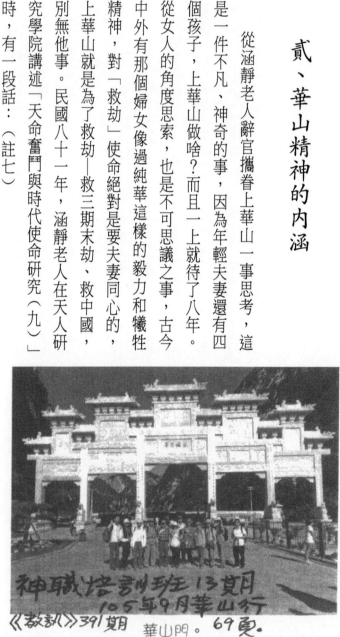

天命，就是行劫開始；如果沒有第一天命，就沒有第三天命，今天我們就不會在台灣見面。因為，沒有第一天命，中國亡了；中華民族亡國了。如果我不上華山、不看守西北門戶，重慶老早動搖了；重慶一動搖，中國就完了。二次世界大戰不會結束了，影響到整個世界，台灣也不會回到祖國。祖國亡了，台灣回到哪裡去？永遠是日本人的附庸了，永遠做日本人的奴隸。

這段話再度證明，華山精神就是救劫精神，要救中國之劫難的救國精神。天帝教在華山之後數十年於台灣復興，其第二人間使命「中國和平統一、復興中華文化」，也還是華山精神的延續。中國必須統一才能得救，如今更是要以華山精神救台灣，因為台獨執政者極可能

本師世尊之長孫光光同奮，手持華山立碑之拓文。
《教訊》376期，39頁

出現涵靜老人的「惡夢」──台灣人成了日本人的附庸！成為日本人的奴隸！天帝教救劫，先救台灣人的劫難。（十四章總結再述）

涵靜老人夫婦上華山救劫一事，眾多仙佛都傳示聖言讚嘆，濟佛祖、觀世音菩薩、呂祖、李特首相、崇道真人等，讚嘆為挽救三期浩劫，捨身奉獻的悲憫胸懷，華山救劫實為「天帝教復興第一因」。綜上所述，華山精神簡單的說是救劫精神。惟其內涵豐富，可包括但不限於下列九項：（註八）

（一）謹遵天命，服從師命。

（二）救劫天命。

（三）窮究天人之學。

（四）救劫急頓法門之修煉。

（五）復興天帝教之源起。

（六）夫婦雙修、家為教本。

極忠培育年輕人，以華山幹訓為前鋒。
《教訊》398 期，44 頁

（七）坤元輔教之成全與承擔。

（八）盡人道、修天道。

（九）作宇宙先鋒，奠人間教基。

華山精神之內涵不限前述九項，這乃是上承昊天正炁，下接崑崙祖炁，為我中華民族祖靈祖根祖魂之所在。中華文化乃上帝真道，　上帝愛我中華民族，華山精神才是以救劫、救中國為主要核心內涵。所謂的「現在第三天命就是華山精神」，指的正是天帝教的第二人間使命—完成中國兩岸的和平統一，不能讓兩岸分裂，更不能讓台灣成了日本附庸，更絕不能讓台灣人成了日本人的奴隸。

參、華山精神的傳承延續

「無常觀」是佛教徒的基本認識，也是基本信仰。就算非佛教徒，很多人對人生社會宇宙也有這樣的認知。但對於短期間就造成「質變」和「量變」的事，應該是最為恐怖的事，中華民國和國民黨在台灣就是這種存在眼前身邊的可怕案例。

中華民國之建國，中國國民黨之建黨，其目標都是要追求中國之繁榮、富強和統一，台灣是中國的一部份，我們都是中國人，是炎黃子孫，更是中華民族之一員。直到兩蔣時代，我們普遍有這樣信念，沒有任何問題，更沒有任何質疑。

然而，從李登輝開始操弄族群分裂，開始從教育上洗腦，開始醜化中國，大搞「去中國化」，到現在的「蔡英文偽政權」更變本加厲的洗腦。現在除了天帝教同奮，還有誰願意在光天化日下說「我是中國人」？追求中

在大上方玉皇洞前大合照，「正大光明」勒石

國統一本是國民黨的「人間使命」和「存在價值」。但大家用雪亮的眼睛看吧！國民黨現在對「統一」像看到病毒，碰也不碰，而三民主義也被當破鞋扔了。這活生生的質變和量變，讓我不得不思索，「華山精神」要如何不變質的延續下去！

宗教體和政黨不一樣嗎？佛教從佛陀時代的原始佛教，後來演變成南傳、北傳和藏傳完全異樣系統。北傳（中國、大乘）傳到日本徹底的變了質，和尚竟可以娶妻生子吃肉喝酒；再看看伊斯蘭教和基督教，分裂成很多派系更複雜。基督系統分

圖1/參訪人員們與中國道協副會長、八仙宮監院胡誠林道長一同合影留念。《教訊》391期，74頁。

圖1/李光光開導師、敏思伉儷（左2、右2）與西安八仙庵當家胡誠林（中）合影留念。118頁．
圖2/西安萬壽八仙宮當家胡誠林（前排左3）與極忠文教基金會訪問團合影《教訊》395,396

裂出來的「長老教會」，在中南美洲叫「革命教派」，實際上專在各國內部以「民主」之名，製造動亂，成為社會亂源，而不是宗教團體！

政治團體、宗教團體最後為什麼會分裂、變質？我想，因緣、因果「斷了」是很大因素，即「沒了初心」，「斷了根」；終

圖2/光光副主教（左）、光劫樞機使者致贈精裝的師尊紀念文集給八仙宮，由中國道協副會長、八仙宮監院胡誠林道長（中）代表接受。

《教訊》391期，74頁.

圖5/天根堂前主事施光納同奮在「白雲峰」前留影。《教訊》391期71頁.

圖6/遠眺華山西峰。

《教訊》391 全體在玉皇洞祈禱 期，72頁.

全體參訪人員在八仙宮留下難得大合照。

於把創黨創教最初的因緣否定了，很快就全面「變質」了！台獨為何要搞「去中國化」，就是要斬斷中國的因緣，清除掉中華文化的「根」。最後，讓台灣人全部不知道自己是中國人，斷了中華民族的「根」，連祖宗的根也斷，那時台灣就真的獨立了！

人間無常，世事多變，難以恆久，天帝教的領導階層當然有智慧看到這層問題。所以從涵靜老人駐世時，就重視「接根、接氣」工作，把華山道脈接到台灣各道場同奮心中。民國七十八年五月十四日，維生樞機（後任第二任首席使者），從華山大上方玉皇洞取回泥土和水後，涵靜老人親撒於鐳力阿道場清虛妙境土地上，並特別焚化加光後的黃表紙，藉此貫通華山與鐳力阿道場的氣脈。（註九）凡此，都是在加強華山精神的傳承延續，只要華山精神在，天帝教的第二使命就必定是同奮追求的目標。

小結

天帝教對於「華山精神的傳承延續」工作，可謂不遺餘力，從活動、研習、教育各層面下功夫，使道場同奮和華山精神「無縫接軌」。以下再舉數例。

「天人訓練團」於二〇一五年，涵靜老人一一五歲誕辰及天帝教復興三十五週年，九月一日起八天到大陸「尋根之旅」。他們到華山、西安、上海、蘇州、常州、黃山等地，追尋「根」之足跡。（註十）

神職培訓班第十三期學員，一行共十七人，於民國一〇五年九月一日到九日，展開大陸尋根和參訪之旅。此行主要到華山「大上方」體驗本師奮鬥精

圖1/本師世尊長孫李光光與兩位公子令道（右）、令德（左）在大上方勒石前。
圖2/玉皇洞的現況。
圖3/李極初、過智忠（師尊、師母道名）手書的「正大光明」勒石。
圖4/大上方遺下的石磨。

《教訊》398期，55頁.

神，再與大陸宗教人士和在地同奮建立關係，以利未來弘教工作的推展。（註十一）

天帝教目前在全省各縣市有不少道場，通常道場成立和開光，就是宣揚使命和華山精神的機會。例如，民國七十五年十月三十一日，涵靜老人主持南投埔里「天南堂」，加光啟匾典禮，即以「華山道脈延伸南投埔里」期許。（註十二）

極忠文教基金會（天帝教輔翼組織），為體悟本師的華山因緣與華山道脈、

圖1/宗主在蒼龍嶺所留下的「雲海」2個字。
圖2/師尊親提的「齊天洞」
圖3/北峰頂。

《教訊》391期，70頁.

天命之延續，於民國一〇六年二月廿五日到廿八日，以「薪火相傳」，號召青年團數十名登上華山。可貴的是，此行有涵靜老人第四代孫德德（李令德，道名：普春），代表尋根團從鐳力阿道場取甘露和淨土，引至華山，象徵道脈綿延，生生不息，華山精神永在。（註十三）

本文主要在思考「華山精神的傳承延續」所可能出現的困境，如何「不忘初心、延續華山因緣」，相信仍是天帝教同奮努力的核心任務。只有發揮華山精神、決心、毅力，天帝教的第二人間使命，才有可能促進、完成！

註釋

註一　可查閱任何一本《金剛經》，本文引星雲大師著，《成就的祕訣：金剛經》（台北：有鹿文化事業有限公司，二〇一一年二月二十一日，初版三十五刷），〈非說所說分第二十一〉，頁二四五。

註二　編輯部，〈慶！推動救劫使者的搖籃—天極行宮30歲生日！〉，《教訊》第三七七期（二〇一五年八月），頁一四—三二。

註三　天帝教極院教史委員會，《天帝教簡史》（台北：帝教出版有限公司，二〇〇五年八月），頁一九—二二。

註四　同註三，頁二二二—二二三。

註五　黃敏思（極忠文教基金會祕書長），〈大師生命地圖〉，《教訊》第三八七期（二〇一六年六月），頁二一八—三二二。

註六　天人親和院，光理首席使者核示，〈丙申年巡天節聖訓專輯〉，《教訊》第三九五、三九六合期（二〇一七年二、三月），頁七九。

註七　編輯部，〈信心勇氣毅力犧牲奉獻、華山精神何時再現輝煌〉，《教訊》第三七六期（二〇一五年七月），頁三四—三九。

註八　同註七。

註九　編輯部，〈浩劫將與遵諭歸隱、華山潛修看守西北〉（五），《教訊》第四〇〇期（二〇一七年七月），頁三三—四〇。本期〈歸隱華山80週年〉多篇文章，都在闡揚華山精神的傳承延續，深值一讀。

註十　邱光劫樞機使者，〈天人訓練團奠風氣之先、本師行腳尋根簡約實惠〉，《教訊》第三七九期（二〇一五年十月），頁九四—九五。

註十一　邱光劫樞機使者，〈大陸參訪奮登大上方、神培學員體驗神州情〉，《教訊》第三九一期（二〇一六年十月），頁六九—七六。

註十二　教史委員會提供、林靜文採訪，〈華山道脈延伸南投埔里、天南堂慶而立任重道遠〉，《教訊》第三九二期（二〇一六年十一月），頁八六—八九。

註十三　編輯部，〈浩劫將興遵諭歸隱、華山潛修看守西北〉（一），《教訊》三九五、三九六合期（二〇一七年二、三月），頁一一五—一二二。

第十四章　總結：劉化翔，〈是同奮誦誥不力——還是　上帝遺棄了我們？〉

本書寫到這章總結，秋意已濃（二〇一八年十月中），距離立冬半個多月，而距離統獨對決（選舉）一個月。自從「蔡英文偽政權」執政以來，台海地區已然成了「世界火藥庫」，台灣內部則已呈現「內戰」狀態。別的不說，光是對天帝教同奮而言，這是多麼嚴厲的打擊！多麼嚴重的「打臉」，台獨邪魔更驚動了天界的極初大帝！

在《教訊》往昔各期，筆者從未見過初大帝有如此強烈的「危機感」，甚至是一種「災難臨頭感」。面對年底的「統獨對決選舉」，極初大帝下達以下的動員令「祈願選舉撥亂反正特別迴向文」曰：（註一）

肅殺之氣直逼台灣，暴戾之氣籠罩台海上空，兩岸未能沉著、冷靜、思考、應對，「保台方案」面臨重大危機威脅。「祈願選舉撥亂反正特別迴向文」之「消弭暴戾凶鋒化解兩岸衝突……貫徹保台方案」，是無形直指人心之訴求，台灣內部之亂象從潛伏到爆發，為期不遠，不能失控，否則是「動亂流血」。

本席在此呼籲：同奮們只有團結、結合更多、更大之救劫誦誥力量，同消危難。要避難先化劫，要化劫就以正氣力量箝制魔氛，破劫掃除陰霾，廓除肅殺與暴戾之氣，回歸中華文化之老根在台灣。現況已是危乎其危，已有先發制人之勢，保台、救台、護台，在同奮一念間……

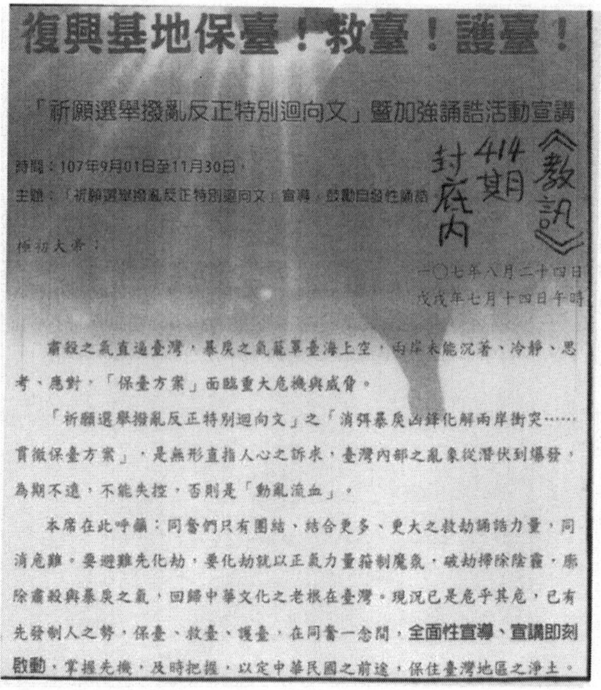

復興基地保臺！救臺！護臺！

「祈願選舉撥亂反正特別迴向文」暨加強誦誥活動宣講

時間：107年9月01日至11月30日，

主題：「祈願選舉撥亂反正特別迴向文」宣導，鼓動自發性誦誥

414期 封底內 《教訊》

極初大帝：

一〇七年八月二十四日
戊戌年七月十四日午時

肅殺之氣直逼臺灣，暴戾之氣籠罩臺海上空，兩岸未能沉著、冷靜、思考、應對，「保臺方案」面臨重大危機與威脅。

「祈願選舉撥亂反正特別迴向文」之「消弭暴戾凶鋒化解兩岸衝突……貫徹保臺方案」，是無形直指人心之訴求，臺灣內部之亂象從潛伏到爆發，為期不遠，不能失控，否則是「動亂流血」。

本席在此呼籲：同奮們只有團結、結合更多、更大之救劫誦誥力量，同消危難。要避難先化劫，要化劫就以正氣力量箝制魔氛，破劫掃除陰霾，廓除肅殺與暴戾之氣，回歸中華文化之老根在臺灣。現況已是危乎其危，已有先發制人之勢，保臺、救臺、護臺，在同奮一念間，**全面性宣導、宣講即刻啟動**，掌握先機，及時把握，以定中華民國之前途，保住臺灣地區之淨土。

首先，明眼人一看便知這迴向文中的「魔」，所指就是台獨集團，故須撥亂反正，這「亂」指的是台獨亂台，期待經由這次選舉「反正」，回歸中華文化。然而，台獨滋生從李登輝開始，積雪三十年，一次選舉可以反正嗎？「去中國化」搞了三十年，還有多少機會可以回歸中華文化？難怪天帝教同奮劉化翔，要質問「是同奮誦誥不力—還是　上帝遺棄了我們？」

壹、劉化翔，〈是同奮誦誥不力—還是　上帝遺棄了我們？〉

我想，天帝教同奮不止劉化翔一人有危機感，他只是忍不住提出質疑的，但我認為對主客觀環境有如此深刻的理解是好事，吸引我將這主題當成本書總

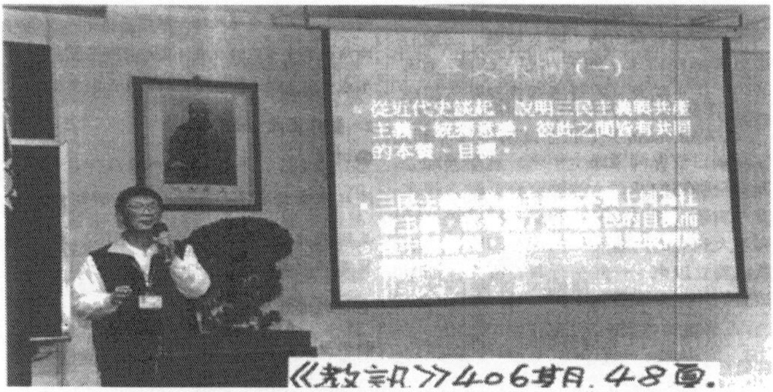

天人研究學院教務長胡緒勵，探討攸關「保臺護國」的〈第二時代使命探討〉。

結，進一步反省檢討。（註二）劉先生在該文首先提示天帝教的人間使命，促成兩岸和平統一，但台獨執政幾乎向美日投降，離統一越來越遠，因而台灣日愈衰敗，大陸日愈繁榮壯大。他忍不住問某位「光」字輩講師，「民進黨執政，這與本教祈求兩岸和平統一背道而馳，那誦誥對我們有何好處？」

結果，那位講師回答得令人瞠目結舌。他說：「你不覺得那樣統一會更快嗎？」

說實在，這位「光」字輩講師說了真話，他的意思正是「緩獨緩統、急獨急統」。換言之，共產黨、國民黨、民進黨「三黨搞統一」，只是方法不一樣。（註三）他的思維想法和我極為相近。

針對劉化翔的疑問「上帝是否遺棄了我們？」筆者當然也沒有「是或否」的答案，因為一個局外人對上帝的了解，不會比天帝教同奮來得深入！但天帝教存在危機是可以肯定的。台獨勢力高漲，極

參與「天人親和體驗營」深獲心得的王月恕同奮(最後排左三)

初大帝在早一期《教訊》已有警訊，「本席憂心忡忡，實不忍見蒼生受苦受難啊！台灣民進黨新政府即將上台……衝擊本教二大時代使命，非同小可。」（註四）最嚴重的衝擊還是對第二人間使命，台獨一直操弄下去，必使兩岸日愈對立，離統一越來越遠，陷天帝教於困境之中，　上帝何在？

天帝教的另一種危機是信仰危機，對教義宗旨的質疑危機。胡緒勵（天人研究學院教務長）在一篇文章提到，彼等（台獨人士）認為，兩岸和平統一是投降主義，同奮如果對本教時代使命沒有清楚認知，不免受其影響，對本教第二時代使命「中國和平統一」產生質疑，祈禱誦誥所發出的念力產生差異，如何能發出有效的救劫力量？（註五）言下之意，中國統一本是上帝旨意，中華文化是上帝的真道，若對此有信仰危機，你的祈禱　上帝也聽不懂，或上帝根本不想聽你祈禱，因為你自己遠離了上帝！

貳、危機始終都存在，小心！危機就在你身邊

現代所謂「民主開放社會」，民主開放只是一種極為膚淺的表象，本質上

民主即非民主，開放亦非開放。最為真實的說法，民主政治社會是一種人人不安的社會，處處不安全的社會，小心！危機就在你身邊！天災、人禍、暗算、意外……政治災難、兵災戰禍……隨時可能臨頭，早上出門，誰也不敢保證晚上可以安全回家！

所以，廣義的說，危機本來就存在，存在所有個人和團體之中。就以台灣地區為例，政黨如國民黨、民進黨、親民黨等上百政黨，有那個政黨敢言「沒有任何危機」？想必沒有，至少都有「老化」的危機？

宗教團體如佛光山、法鼓山、中台山、慈濟，或天主教、基督教，有那個敢說沒有危機？似乎也沒有，都存在某種危機，最常聽到的是老化、找不到人接班，乃至「拉不到人」等，

圖1/光照首席為甘露水加光。

圖2/「籌辦會」別出心裁準備象徵吉祥如意的超大好彩頭。

圖3/金蘿報喜！天極行宮管委會主委薛光霸（左）欣然從光照首席手中接過象徵教財的金蘿。

圖4/高雄市掌院王光勁同奮長期支援極院教財，獲頒超大的「好彩頭」。

都是危機。乃至企業界更是危機重重，有如戰場處處殺機，筆者曾聽過一個企業大老闆說，他數十年來都戒慎恐懼，如臨深淵，才能維持一個尚可的局面，任何時候，只要一個不小心，就可能完蛋了！

天帝教承擔這個世界的兩大時代使命，而地球上從古至今戰爭從未停過。遠的不說，從二戰至今，有多少戰爭爆發，每一場戰爭都和天帝教兩大使命息息相關，要帝教同奮來化解這些劫難，說實在的，難為啊！天帝教有危機，筆者以為這是很正常的事，就看大家用何樣的心態來面對危機！

參、天帝教十大信仰危機

仔細翻閱各期《教訊》，不難理解天

● 天極行宮管委會管理處故處長侯光快，生前於先修38期正宗靜坐班上課之際，協助張羅大大小小事務，獲得光理首席頒贈「一門深入」牌匾獎勵

● 侯光侯同奮（左2）是天極行宮道路修補志工隊一員，轉換使命必達

● 劉光爐樞機代表光理首席頒贈，由光侯處長長公子皓勝（道名大甫）接受

● 天極行宮副主委何光沛、楊光泉、紀緒旺與交通服務隊長龔鎮懋，特為光侯處長覆蓋崇隆的天帝教教旗

● 天極行宮道路修補隊與交通隊兄弟們，恭謹排列向老隊長、老夥伴敬禮

《教訊》407、408合期 117頁

帝教的有形無形領導階層，經常發出「危機警訊」。遠的不說，近的如二〇一七年（民國一〇六年）十月二十日，極初大帝傳來真言，「天帝教同奮漸漸走入『老齡化』，這是一個重要警訊，也是危機。第一是沒有和時代潮流接軌。第二是親和力不足，不易親近。第三是與人隔閡，和生命、生活沒有交叉、沒有交集。第四是宣傳不足，沒機會認識。」（註六）這四個危機正是各種團體的危機，只看程度的嚴重性，若進一步導致惡化腐化，團體就會面臨崩潰、瓦解，終於收攤，關門大吉！

但筆者僅從《教訊》報導天帝教各項活來理解，帝教同奮在這四方面（極初大帝所示四個危機），確實不遺餘力，苦幹實幹，祈禱誦誥。但同奮的努力似乎「白做工」了，二〇一八年春，劉化翔在〈「大逆轉」省思，幾個標題讓筆者也心驚肉跳，「世界末日鐘只剩二分鐘、大難臨頭無形示警、時代使命岌岌可危、法理台獨

「極忠」顯光董事(左)致贈八仙宮 3 張珍貴照片的裱框板

基地不保」。〉（註七）是否如是？若是，同奮可以不必祈禱了，因為已經沒救了！兩岸要爆發戰爭（台灣軍隊無力抵抗、只是解放軍的統一之戰），　上帝也不想救了，因為　上帝同意了「統一之戰」。

這是　上帝不夠仁慈嗎？非也！若不打統一之戰，任由台獨搞「去中國化」，等於消滅了中華文化，也等於消滅了上帝的真道。

涵靜老人當年是面對這個方向，靜坐祈禱。潼關，在眾人背後，位於陝、晉、豫三省交界處；黃河、渭河交會處。

《教訊》398期，51頁。

北峰頂雲台峰，涵靜老人1938年在此面對潼關祈禱靜坐，終至天降濃霧，助國軍完成搶修工程。

上帝會准許自己的真道被消滅嗎？想必不會！不可能！若按此推論，　上帝並沒有遺棄天帝教的同奮們。

上帝雖未遺棄天帝教的同奮們，但天帝教的危機始終是存在的。而且，筆者認為天帝教的危機比其他宗教來得嚴重（同奮要承擔較大壓力），原因是其他宗教沒有像天帝教這種二大人間使命。有「使命」就有必須追求完成的壓力，一日不完成，便是存在一日的危機，真是天天都危機。早在一九九四年（民83）十二月二十六日，涵靜老人歸證，次年維生樞機使者奉命代理首席使者，當時即面臨包括「三信危機」的十大危機。任何團體（政黨、企業、宗教等），第一代領導人走了，通常就會出現危機，天帝教也難以避免，筆者以為這是好事，所謂「生於憂患、死於安樂」。有強烈的危機感，會轉化成強烈的憂患意識，形成追尋使命的強大動力。相信這二十多年來，天帝教同奮和領導階層，是如臨深淵般在處理這「十大危機」：（註八）

（一）信仰危機。

（二）信心危機。

（三）信任危機。

（四）教義危機。

（五）教財危機。

（六）炁統傳承的危機。
（七）美日國際弘教的危機。
（八）弘教幹部中斷的危機。
（九）三大道場持續的危機。
（十）天人關係的危機。

從《教訊》第四一二期這篇談危機的文章，也看得出天帝教的領導階層和同奮們，對「十大危機」有在處理、檢討或改革。十大危機中的每一危機，都涉及很深廣的範圍，可以有許多論述空間，本文就不再深入討論，筆者只要確認：上帝沒有遺棄天帝教的同奮們！

小　結：中國和平統一依然樂觀

相信也是為了解決危機，給同奮解釋（或啟蒙、教育），《教訊》從第三九一期開始有「保台護國專刊」，用疑問式標題，〈為什麼您要自外於「保台護國」使命？〉，連續多期的長文大論，把教史、教義、使命等，向同奮們做了文情並茂的「報告」。這種禪宗式的捧喝式啟蒙法，相信對堅定信仰危機是很有作用的，亦有助於凝聚團結。

「危機就是轉機」是大家知道的，但要怎樣「轉」呢？今年（二〇一八）二月五日，玄玄上帝傳下聖言曰：「歐盟的前景隱憂，閉關自守的民粹思想日益抬頭，在歐盟、美國西方文化滋長，正是中華文化的『天下為公』主導思想主導廿一世紀人類文明的契機，全教同奮持誦迴向文：『兩岸復興中華文化，同心接受三民主義』，深思而有所奮行。」（註九）正是所謂危機就是契機，更是轉機！

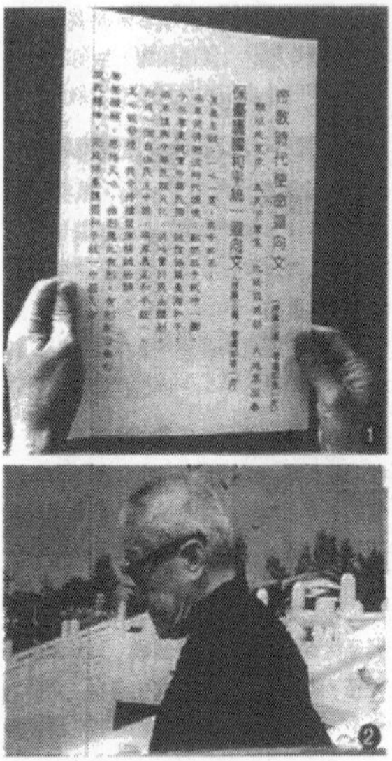

圖1／〈保臺護國和平統一迴向文〉
圖2／[illegible]護國任務

用一句中國民間流傳的話，證明　上帝不會遺棄天帝教同奮、不會遺棄自己的真道、不會遺棄所鍾愛的中華民族，「中國歷史分久必合、合久必分」。

現在已分了半個多世紀，也該合了，最近《教訊》一篇文章，根據主客環境評估，「未來十年，兩岸真正和平統一將可以露出曙光！」（註十）筆者所見亦如是，或許不要十年便可統一了！

天帝教的人間第二使命，促成中國的和平統一，這是　上帝的真道，上帝加持努力必須完成的天命，祂怎麼可能放棄？就算人們自己放棄了，上帝也絕不放棄。所以，天帝教的同奮們！持續奮鬥！完成天命！

2015年COCO-LOVE演唱會記者會：最左邊是紅心字會的靈魂人物司徒健民（道名：德原），為該會長年奔走，功不可沒。《教訊》414期，53頁.

2015年郭雪芙「愛有水」公益代言活動。

註釋

註一 〈「祈願選舉撥亂反正特別迴向文」暨加強誦誥活動宣講〉，《教訊》第四一四期（二〇一八年九月），封底內面。

註二 劉化翔，〈是同奮誦誥不力—還是 上帝遺棄了我們？〉，《教訊》第三八八期（二〇一六年七月），頁九四—九五。

註三 陳福成，《三黨搞統一—共產黨、國民黨、民進黨搞統一分析》（台北：文史哲出版社，二〇一六年三月）。

註四 王香本，〈雷霆萬鈞澄清劫運、和融炁氣瑞照台島〉，《教訊》第三八七期（二〇一六年六月），頁一〇二—一〇七。

註五 胡緒勵（天人研究學院教務長）口述，編輯部整理，〈第二時代使命認同違從、同奮誦誥遞增顯效有限〉，《教訊》第四〇六期（二〇一八年元月），頁四八—五一。

註六 編輯部，〈大家談〉，《教訊》第四〇四期（二〇一七年十一月），頁四—五。

註七　劉化翔，〈「大逆轉」省思〉，《教訊》第四〇七、四〇八合期（二〇一八年二、三月），頁一一一—一一四。

註八　天人親和院提供、陳光理首席使者核示，〈三信危機考驗道運、加強神職教職考核〉，《教訊》第四一二期（二〇一八年七月），頁七六—八三。

註九　天人親和院提供、光理首席使者核示，〈法語甘露策人心〉，同註七，頁七八。

註十　中書室、籌節會，〈迎啟教財圓圓滿滿、取之有道吉祥吉基〉，《教訊》第三九五、三九六期（二〇一七年二、三月），頁一〇七—一一四。

附件：天帝教各弘教單位與輔翼組織通訊處

一、【北部教區】

臺北市掌院　23143
新北市新店區北新路2段153~159號
電話：(02)29135079，80
傳真：(02)29130557

天心堂　11458
臺北市內湖區成功路4段216號5樓
電話：(02)87925049
傳真：(02)87913279

天人堂　11288
臺北市北投區西安街一段179號4樓
電話：(02)28286960
傳真：(02)28286936

基隆初院　20150
基隆市信義區月眉路190號5樓
電話：(02)24650593
傳真：(02)24664593

新莊初院　24257
新北市新莊區中正路730之16、17號
電話：(02)29011412，29013915
傳真：(02)29011495

天定堂　22041
新北市板橋區文化路1段150巷7號4樓
電話：(02)22542857
傳真：(02)22548925

桃園初院　33454
桃園縣八德市建興街135號
電話：(03)3680575，3680576
傳真：(03)3732605

天鎮堂　32444
桃園縣平鎮市崇德街15號
電話：(03)4945388
傳真：(03)4946945

新竹初院　30056
新竹市經國路3段67號
電話：(03)5398379
傳真：(03)5398380

天湖堂暫遷堂址　30343
新竹縣湖口鄉長嶺村中平路一段609巷221弄5號
電話：(03)5902191
傳真：(03)5907798

關西天人親和所　30642
新竹縣關西鎮北斗里光明路25號
電話：03-5878380

二、【中部教區】

臺灣省掌院　40651
臺中市北屯區旅順路2段22號
電話：(04)22442506(代表號)
傳真：(04)22437295

苗栗初院　36061
苗栗縣苗栗市文發路458巷196號
電話：(037)372051
傳真：(037)372052

天祿堂　35861
苗栗縣苑裡鎮客庄里中正路41號
電話：(037)851152
傳真：(037)868645

豐原初院　42078
臺中市豐原區水源路中坑巷12號
電話：(04)25285636，25241891
傳真：(04)25264203

天甲堂　43762
臺中市大甲區甲后路35巷123號
電話：(04)26870033
傳真：(04)26870033

天安堂　41275
臺中市大里區塗城路304巷69號
電話：(04)24922396
傳真：(04)24939243

天蘭堂　36941
苗栗縣卓蘭鎮新厝里7之7號
電話：(04)25894761
傳真：(04)25891399

天行堂　42353
臺中市東勢區新盛街132號
電話：(04)25885339
傳真：(04)25888361

彰化初院，天真堂50093
彰化縣彰化市中央路93號
電話：(04)7630314~5
傳真：(04)7625789

天祥堂　51046
彰化縣員林鎮惠明街53巷8弄7號
電話：(04)8334110
傳真：(04)8334110

天鄉堂　52545
彰化縣竹塘鄉竹林路一段679號
電話：(04)8976055

天根堂　51452
彰化縣溪湖鎮大溪十街16號
電話：(04)8817369
傳真：(04)8822949

天錫堂　50547
彰化縣鹿港鎮埔崙里安寧街13號
電話：(04)7755998

南投初院　54068
南投縣南投市彰南路3段537號
電話：(049)2254462
傳真：(049)2254463

天南堂　54550
南投縣埔里鎮中正路183之20號
電話：(049)2900431
傳真：(049)2421140

集集天人親和所　55242
南投縣集集鎮民生路16-70號
電話：(049)2760009

雲林初院　64065
雲林縣斗六市林頭里林頭11之12號
電話：(05)5262716
傳真：(05)5264225

天立堂　64741
雲林縣莿桐鄉和平路41巷8號
電話：(05)5847810

三、【南部教區】

高雄市掌院　81365
高雄市左營區重治路82號
電話：(07)3456956(代表號)
傳真：(07)3458804

嘉義初院　62153
嘉義縣民雄鄉建國路2段145號
電話：(05)2267066
傳真：(05)2262105

新營初院　73051
臺南市新營區民生路163巷29號
電話：(06)6564069，6565765
傳真：(06)6564059

臺南初院　70156
臺南市東區崇學路46號
電話：(06)2693600、2904903
傳真：(06)3357737

天門堂　70953
臺南市安南區安吉路1段290巷38弄7號
電話：(06)2474243
傳真：(06)2473437

鳳山初院　83066
高雄市鳳山區中樂街73號
電話：(07)7905629，7905686
傳真：(07)7905628

屏東初院　90093
屏東縣屏東市武順街23號
電話：(08)7539758
傳真：(08)7539759

天然堂　92053
屏東縣潮州鎮田單路65號
電話：(08)7894568
傳真：(08)7894568

天風堂　88045
澎湖縣馬公市西衛里151號
電話：(06)9262399

傳真：(06)9264371

旗美天人親和所 84244

高雄市旗山區延平二路56號

電話：07-6622611

小港天人親和所　81271

高雄市小港區高松路154號

電話/傳真：07-8063611

四、【東部特別教區】

花蓮港掌院 97049

花蓮縣花蓮市軒轅路11號

電話：(038)353579

傳真：(038)339225

天福堂　98144

花蓮縣玉里鎮仁愛路1段152號

電話：(038)880212

宜蘭初院　26050

宜蘭縣宜蘭市民權新路277號

電話：(03)9360712

傳真：(03)9352408

羅東天人親和所　　26561

宜蘭縣羅東鎮中山路1段383號

電話：(03)9505205

天溪堂　　22744

新北市雙溪區光復街30號

電話：(02)24931132

傳真：(02)24933765

臺東初院　95042

臺東縣臺東市南海路36號

電話：(089)345330

傳真：(089)361240

天震堂　95642

臺東縣關山鎮三民路1之6號

電話：(089)812149

傳真：(089)814373

五、【國際教區】

洛杉磯掌院

9200 GLENDON WAY ROSEMEAD CA 91770 U.S.A.

電話：00216265715983

傳真：00216265738609

西雅圖初院・美國主院籌備處

3105 240ST SE BOTHELL WA 98021

電話：00214254856659

傳真：00214254856659

天實堂籌備處

1207 SE 136th Ave Vancouver WA 98683

電話：00213602561887

日本國主院

杤木縣那須町大字湯本ツムヅ平212の180

電話：00281287767108

傳真：00281287767118

東京都掌院.葛飾初院

東京都葛飾區新小岩二丁目23番5號

電話：00281356079586

傳真：00281356079586

千葉初院

千葉縣山武郡山武町埴谷1622-11

電話：00281475892965

傳真：00281475892965

大宮初院

埼玉縣さいたま市北區宮原町3-226-3 331-0812

電話：00281486657906

傳真：00281486676457

宮崎初院

宮崎縣都城市吉尾町20-4

電話：00281986383178

傳真：00281986383178

六、【極院、始院、中華民國主院】

鐳力阿道場　55543

南投縣魚池鄉中明村文正巷41號

電話：(049)2898446(代表號)

傳真：(049)2898448、2897752、2895986、2898039

天極行宮　43641

臺中市清水區吳厝里東山路38之1號

電話：(04)26200019(代表號)

傳真：(04)26200540

天安太和道場　36743

苗栗縣三義鄉鯉魚潭村鯉魚口1-10號

電話：(037)881363

傳真：(037)881502

北區新境界　23143

新北市新店區北新路2段155號

電話：(02)29144776

中區新境界　43449

臺中市龍井區東海街41巷35號

電話：(04)26526195、26527802

傳真：(04)26527802

南區新境界　70175

臺南市東區裕農一街160巷19號

電話：(06)2601129

傳真：(06)2601130

弘教經費籌募與節用委員會　40651

臺中市北屯區旅順路2段22號

電話：(04)22424986

傳真：(04)22448862

傳播出版委員會(天帝教教訊臺中辦事處) 40651

臺中市北屯區旅順路2段22號

電話：(04)22423867、22423876

傳真：(04)22414683

帝教出版公司　　　23143

新北市新店區北新路2段153號2樓

電話：(02)29179271

傳真：(02)29103092

天人訓練團(省掌院辦公室) 40651

臺中市北屯區旅順路2段22號

電話：(04)22414680

傳真：(04)22414680

始院　23143

新北市新店區北新路2段155號

電話：(02)29135079~80

傳真：(02)29154290

中華民國主院(臺中辦事處) 40651

臺中市北屯區旅順路2段22號

電話：(04)22411390

傳真：(04)22437295

中華民國主院（鐳力阿道場辦事處） 55543

南投縣魚池鄉中明村文正巷41號

電話：(049)2898446(代表號)
(049)2898600(專線)

傳真：(049)2898600

七、【輔翼組織】

中華天帝教總會　23143

新北市新店區北新路2段155號

電話：(02)29149874

傳真：(02)29154290

極忠文教基金會　23143

新北市新店區北新路2段155號

電話：(02)29149874

傳真：(02)29154290

中華民國宗教哲學研究社　55543

南投縣魚池鄉中明村文正巷41號

電話：(049)2898446(代表號)
(049)2898957(專線)

傳真：(049)2898448

中華民國紅心字會　10045

臺北市中正區重慶南路1段43號5樓之2

電話：(02)23709191

傳真：(02)23719191

陳福成著作全編總目

壹、兩岸關係

決戰閏八月
防衛大台灣
解開兩岸十大弔詭
大陸政策與兩岸關係

貳、國家安全

國家安全與情治機關的弔詭
國家安全與戰略關係
國家安全論壇。

參、中國學四部曲

中國歷代戰爭新詮
中國近代黨派發展研究新詮
中國政治思想新詮
中國四大兵法家新詮：孫子、吳起、孫臏、孔明

肆、歷史、人類、文化、宗教、會黨

神劍與屠刀
中國神譜
天帝教的中華文化意涵
奴婢妾匪到革命家之路：復興廣播電台謝雪紅訪講錄
洪門、青幫與哥老會研究

伍、詩〈現代詩、傳統詩〉、文學

幻夢花開一江山
赤縣行腳・神州心旅
「外公」與「外婆」的詩
尋找一座山
春秋記實
性情世界
春秋詩選
八方風雲性情世界
古晟的誕生
把腳印典藏在雲端
從魯迅文學醫人魂救國魂說起
六十後詩雜記詩集

陸、現代詩（詩人、詩社）研究

三月詩會研究
我們的春秋大業：三月詩會二十年別集
中國當代平民詩人王學忠
讀詩稗記
嚴謹與浪漫之間
一信詩學研究：解剖一隻九頭詩鵲
囚徒
胡爾泰現代詩臆說
王學忠籲天詩錄

柒、春秋典型人物研究、遊記

山西芮城劉焦智「鳳梅人」報研究
在「鳳梅人」小橋上

我所知道的孫大公
為中華民族的生存發展進百書疏
金秋六人行
漸凍勇士陳宏

捌、小說、翻譯小說

迷情・奇謀・輪迴、
愛倫坡恐怖推理小說

玖、散文、論文、雜記、詩遊記、人生小品

一個軍校生的台大閒情
古道・秋風・瘦筆
頓悟學習
春秋正義
公主與王子的夢幻、
洄游的鮭魚
男人和女人的情話真話
台灣邊陲之美
最自在的彩霞
梁又平事件後

拾、回憶錄體

五十不惑
我的革命檔案
台大教官興衰錄
迷航記、
最後一代書寫的身影
我這輩子幹了什麼好事
那些年我們是這樣寫情書的
那些年我們是這樣談戀愛的
台灣大學退休人員聯誼會第九屆
理事長記實

拾壹、兵學、戰爭

孫子實戰經驗研究
第四波戰爭開山鼻祖賓拉登

拾貳、政治研究

政治學方法論概說
西洋政治思想史概述
中國全民民主統一會北京行
尋找理想國：中國式民主政治研究要綱

拾參、中國命運、喚醒國魂

大浩劫後：日本 311 天譴說
日本問題的終極處理
台大逸仙學會

拾肆、地方誌、地區研究

台北公館台大地區考古・導覽
台中開發史
台北的前世今生
台北公館地區開發史

拾伍、其他

英文單字研究
與君賞玩天地寬（文友評論）
非常傳銷學
新領導與管理實務

拾陸：2015 年 9 月後新著

編號	書　　　　　名	出版社	出版時間	定價	字數（萬）	內容性質
81	一隻菜鳥的學佛初認識	文史哲	2015.09	460	12	學佛心得
82	海青青的天空	文史哲	2015.09	250	6	現代詩評
83	為播詩種與莊雲惠詩作初探	文史哲	2015.11	280	5	童詩、現代詩評
84	世界洪門歷史文化協會論壇	文史哲	2016.01	280	6	洪門活動紀錄
85	三黨搞統一：解剖共產黨、國民黨、民進黨怎樣搞統一	文史哲	2016.03	420	13	政治、統一
86	緣來艱辛非尋常：賞讀范揚松仿古體詩稿	文史哲	2016.04	400	9	詩、文學
87	大兵法家范蠡研究－商聖財神陶朱公傳奇	文史哲	2016.06	280	8	范蠡研究
88	典藏斷滅的文明：最後一代書寫身影的告別紀念	文史哲	2016.08	450	8	各種手稿
89	葉莎現代詩研究欣賞：靈山一朵花的美感	文史哲	2016.08	220	6	現代詩評
90	臺灣大學退休人員聯誼會第十屆理事長實記暨 2015～2016 重要事件簿	文史哲	2017.04	400	8	日記
91	我與當代中國大學圖書館的因緣	文史哲	2017.04	300	5	紀念狀
92	廣西旅遊參訪紀行（編著）	文史哲	2017.10	300	6	詩、遊記
93	中國鄉土詩人金土作品研究	文史哲	2017.12	420	11	文學研究
94	暇豫翻翻《揚子江》詩刊：蟾蜍山麓讀書瑣記	文史哲	2018.02	320	7	文學研究
95	我讀上海《海上詩刊》：中國歷史園林豫園詩話瑣記	文史哲	2018.03	320	6	文學研究
96	范蠡致富研究與學習：商聖財神之實務與操作	文史哲	2018.06	280	8	文學研究
97	光陰簡史：我的影像回憶錄現代詩集	文史哲	2018.07	360	6	詩、文學
98	光陰考古學：失落圖像考古現代詩集	文史哲	2018.08	460	7	詩、文學
99	鄭雅文現代詩的佛法衍繹	文史哲	2018.08	240	6	文學研究
100	林錫嘉現代詩賞析	文史哲	2018.08	420	10	文學研究
101	現代田園詩人許其正作品研析	文史哲	2018.08	520	12	文學研究
102	陳寧貴現代詩研究：全才詩人的詩情遊蹤	文史哲	2018.08	380	9	文學研究
103	莫渝現代詩賞析	文史哲	2018.08	300	7	文學研究
104	曾美霞現代詩研析	文史哲	2018.08	360	7	文學研究
105	劉正偉現代詩賞析：情詩王子的愛戀世界	文史哲	2018.08	400	9	文學研究
106	陳福成作品述評（編著）	文史哲	2018.08	420	9	文學研究
107	舉起文化出版的火把：彭正雄文史哲出版交流一甲子	文史哲	2018.08	480	9	文學研究

國防通識課程及其他著編作品

（各級學校教科書）

編號	書名	出版社	教育部審定
1	國家安全概論（大學院校用）	幼獅	民國 86 年
2	國家安全概述（高中職、專科用）	幼獅	民國 86 年
3	國家安全概論（台灣大學專用書）	台大	（臺大不送審）
4	軍事研究（大專院校用）	全華	民國 95 年
5	國防通識（第一冊、高中學生用）	龍騰	民國 94 年課程要綱
6	國防通識（第二冊、高中學生用）	龍騰	同
7	國防通識（第三冊、高中學生用）	龍騰	同
8	國防通識（第四冊、高中學生用）	龍騰	同
9	國防通識（第一冊、教師專用）	龍騰	同
10	國防通識（第二冊、教師專用）	龍騰	同
11	國防通識（第三冊、教師專用）	龍騰	同
12	國防通識（第四冊、教師專用）	龍騰	同
13	臺灣大學退休人員聯誼會會務通訊	文史哲	
14	把腳印典藏在雲端：三月詩會詩人手稿詩	文史哲	
15	留住末代書寫的身影：三月詩會詩人往來書簡殘存集	文史哲	
16	三世因緣：書畫芳香幾世情	文史哲	

注：以上除編號 4，餘均非賣品，編號 4 至 12 均合著。

編號 13 定價一千元。